世遗泉州

从这里驶向大海

段燕飞 林瀚 陈颖艳 著

丝路物语书系

总主编 李炳武

西安出版社

图书在版编目（CIP）数据

从这里驶向大海：世遗泉州 / 段燕飞，林瀚，陈颖艳著. — 西安：西安出版社，2023.10
ISBN 978-7-5541-6430-3

Ⅰ.①从… Ⅱ.①段… ②林… ③陈… Ⅲ.①文化遗产—介绍—泉州 Ⅳ.①G127.573

中国国家版本馆CIP数据核字(2023)第160532号

从这里驶向大海
世遗泉州
CONG ZHELI SHIXIANG DAHAI
SHIYI QUANZHOU

段燕飞　林　瀚　陈颖艳　著

出 版 人：屈炳耀
出版统筹：李宗保　贺勇华
策　　划：张正原
责任编辑：王　娟
特约编辑：韩一婷
责任印制：尹　苗
出版发行：西安出版社
社　　址：西安市曲江新区
　　　　　雁南五路1868号影视演艺大厦11层
电　　话：（029）85253740
邮政编码：710061

印　　刷：重庆新金雅迪艺术印刷有限公司
开　　本：787mm×1092mm　1/16
印　　张：15.75
字　　数：162千
版　　次：2023年10月第1版
印　　次：2023年10月第1次印刷
书　　号：ISBN 978-7-5541-6430-3
定　　价：78.00元

如有印刷、装订问题，本社负责另换。

序一

阅读文物 拥抱文明

郑欣淼

文物所折射出的恒久魅力，已为越来越多的人所认识。今天呈现在读者面前的这部"丝路物语"书系，就是这一魅力的具体体现。

"让收藏在博物馆里的文物、陈列在广阔大地上的遗产、书写在古籍里的文字都活起来。"（习近平语）党的十八大以来，习近平总书记担负着实现中华民族伟大复兴的历史重任，饱含着对传统文化的深厚感情，让文物活起来始终为其所关注、所思考。让文物活起来，就是深入挖掘文物的内涵，充分发挥文物的作用。中国文物是中华民族的文明印记和精神标识，是全体中国人乃至全人类的珍贵财富；它对于激发人民群众对中华优秀传统文化的了解、认同和热爱，坚定文化自信，汇聚发展力量等作用是不言而喻的。

近年来，一些优秀的文物类书籍、综艺节目、纪录片、文化创意产品等不断涌现，文化遗产元素成为国家外交的桥梁，文物逐渐成为"网红"并受到越来越多年轻人的青睐，这些都充分彰显着"让文物活起来"已逐渐从理念转化为行动，那些在历史长河中积淀下来的文物珍存正在不断走近百姓、融入时代、面向世界。

　　说到文物，不能不把眼光聚焦于丝绸之路。人类社会交往的渴望推动了世界文明间的相互交融和渗透，中华文明与亚、欧、非三大洲的古代文明很早就发生接触，相互影响，相互交流。直到1877年，德国地理学家李希霍芬在他的著作《中国——我的旅行成果》里首次提出了"丝绸之路"的概念。近半个世纪以来，随着丝绸之路考古发现和学术研究的不断深入，极大地开阔了人们的视野。特别是"一带一路"倡议的全面推进，丝绸之路研究更成为国际显学。在古代文明交流史上，丝绸之路无疑是极其璀璨的一笔。它承载着千年古史，编织着四方文明。也正因为丝绸之路无与伦比的历史积淀，形成了独特的历史文化遗产，其数量之大、等级之高、类型之丰富、序列之完整、影响之深远，都是世所公认的。神秘悠远的古代城址、波澜壮阔的长城关隘烽燧遗址、精美绝伦的艺术品、气势磅礴的帝王陵墓、灿若星辰的宫观寺庙、瑰丽壮美的石窟寺……数不清道不尽的文物珍宝，足以使任何参观者流连忘返，叹为观止。2014年，"丝绸之路：长安—天山廊道的路网"成功跻身《世界文化遗产名录》，使丝绸之路迎来了新的历史机遇，也对广大文化文物工作者提出了新的要求。

　　"让文物说话，把历史智慧告诉人们。"这是习近平总书记的谆谆嘱托。中华文化优雅如斯，如何让文物说话，飞入寻常百姓家，是当下无数文化界人士亟待攻坚的课题，亦是他们光荣的使命。客观来讲，丝绸之路方面的论著硕果累累，但从一般读者角度，特别是从当下文化与旅游结合角度着眼的作品不多，十分需要一套全面系统地介绍丝绸之路文物故事的读物。令人欣喜的是，西安出版社组织策划了这套颇具规模的"丝路物语"书系，并由李炳武先生担任主编，弥补了这一缺憾。李炳武先生曾经长期在文物文化领域工作，也主持过"中华国宝·陕西珍贵文物集成""长安学丛书"和《陕西文物旅游博览》等大型文物类图书的编纂工作，得到了业界的充分肯定；加之丛书的作者都是有专业素养的学者，从而保证了书稿的质量。

如何驾驭丝绸之路这样一个纵贯远古到当今、横贯地中海到华夏大地的话题，对于所有编写者来说，都是具有挑战性的。这套书的优点或者说特点，可以概括为以下几个方面：

这套书最大的一个优点，就是大而全。从宏观的视野，用简明的线条，对陆上丝绸之路的博物馆、大遗址进行了全景式梳理，精心遴选主要文物，这些国宝的历史、艺术和科学价值在字里行间一一呈现。

丝绸之路文化遗产类型丰富，作者在文中并没有局限于文物本身的解读，还根据文物的特点做了大量的知识拓展，包括服饰的流变，宗教的传播，马匹的驯化，葡萄等水果的东传，纸张的发明和不断改进，医学的发展，乐器、绘画、雕刻、建筑、织物、陶瓷等视觉艺术的交互影响，等等。其中既有交往的结果，也有战争的推动。总体而言，这些内容是讲述丝绸之路时所不可或缺的内容，使读者透过文物认识了丝绸之路丰富的文化内涵。

值得称道的是，这套书采取探索与普及相结合的方式，图文并茂，力求避免学究气的艰涩笔调，加入故事性、趣味性，使文字更具可读性，达到雅俗共赏的目的。通过图书这一载体，能够使读者静静地品味和欣赏这些文物，传达出对历史的沉思和感悟，完善自己对文物、丝绸之路和文化的认知。读过这套书后，相信读者都会开卷有益，收获多多，文物在我们眼中也将会是另一番面貌。

我们有幸正处于坚持以人民为中心的改革发展伟大时代，每一件文物，都维系着民族的精神，让文物活起来，定会深入人心、蔚为大观。此次李炳武先生请我写序，初颇踌躇，披卷读来，犹如一场旅行，神游历史时空之浩渺无垠，遐思华夏文化之博大精深。兼善天下，感物化人历来是每一个中国知识分子的精神所属，若序言能为一部作品锦上添花，得而为普及民众的文物保护意识起到促进作用，何乐而不为？

是为序。

・郑欣淼・
原中国文化部副部长、故宫博物院原院长、中华诗词学会会长、著名历史文化学者。

序二

丝路物语话沧桑

李炳武

2013 年 9 月，中国国家主席习近平访问哈萨克斯坦时，在纳扎尔巴耶夫大学发表演讲，首次提出共同构建"丝绸之路经济带"的宏伟倡议。2014 年 6 月，"丝绸之路：长安—天山廊道的路网"成功跻身《世界文化遗产名录》。

丝绸之路是世界上路线最长、影响最大的文化线路。丝绸之路是指起始于古代中国的政治、经济、文化中心——古都长安（今西安）连接亚洲、非洲和欧洲的古代陆上商业贸易路线。它跨越陇山山脉，穿过河西走廊，通过玉门关和阳关，抵达新疆，沿绿洲和帕米尔高原通过中亚、西亚和北非，最终抵达非洲和欧洲，向南延伸到印度次大陆。这条伟大的道路沟通了中国、印度、希腊三大文明，全长一万多千米。它是一条东方与西方之间经济、政治、文化进行交流的主要道路，促进了欧亚大陆不同国家、不同文明之间在商贸、宗教、文化以及民族等方面的交流与融合，为人类社会的共同发展和繁荣做出了卓越贡献。

公元前 138 年，使者张骞受汉武帝派遣从长安出发，出使月氏。13 年中，他的足迹遍布天山南北和中亚、西亚各地。在随后的 2000 多年间，无数商贾、旅人沿着张骞的足迹，穿越驼铃叮当的沙漠、炊烟袅袅的草原、飞沙走石的戈壁，来往于各国之间，带来了印度、阿拉伯、波斯和欧洲的玻璃、红酒、马匹、宗教、科技和艺术，带走了中国的丝绸、漆器、瓷器和四大发明，举世闻名的丝绸之路渐渐形成。

用"丝绸之路"来形容古代中国与西方的文明交流，最早出自德国著名地理学家李希霍芬1877年所著的《中国——我的旅行成果》一书。由于这个命名贴切写实而又富有诗意，很快得到学术界的认可，并风靡世界。

近年来，丝绸之路迎来了新的历史机遇，沿丝绸之路寻访探秘的人络绎不绝。发展丝路经济，研究丝路文明，观赏丝路文物成了新时代的社会热潮，"丝路物语"书系便应运而生。在本书和读者见面之际，作为长安学研究者、"丝路物语"书系的主编，就该书的选题范围、研究对象、编写特色及意义赘述于下：

"丝路物语"书系，以"丝绸之路：长安—天山廊道的路网"遗产及相关博物馆为选题范围。该遗产项目的线路跨度近5000千米，沿线包括了中心城镇遗迹、商贸城市、聚落遗迹、交通遗迹、宗教遗迹和关联遗迹五类代表性遗迹以及沿途丰富的特色地理环境。丝路沿线遗迹或壮观巍峨，或鬼斧神工，或华丽精美，见证了欧亚大陆在公元前2世纪至公元16世纪之间人类文明进步的重要阶段，以及在这段时间内多元文化并存的鲜明特色。

"丝路物语"书系，每册聚焦古丝绸之路上的一座博物馆、一处古遗址或一座石窟寺，力求立体全面地展示丝绸之路上的历史遗存、人文故事和风土人情。这是一套丝绸之路旅游观光的文化指南，从中可观赏到汉代桑蚕基地的鎏金铜蚕，饱览敦煌石窟飞天的婀娜多姿，聆听丝路古道上的声声驼铃。古丝绸之路是人类文明的宝贵遗产，记录着社会的沧桑巨变，这是一部启封丝路文明的记忆之书。

"丝路物语"书系，以阐释文物为重点。文物是中华民族的精神标识。"让收藏在博物馆里的文物、陈列在广阔大地上的遗产、书写在古籍里的文字都活起来。"这对于激发人民群众对中华优秀传统文化的了解、认同和热爱，坚定文化自信，汇聚发展力量不可小觑，这是一部积淀文化自信的启智之作。

2000多年前，我们的先辈筚路蓝缕，穿越草原沙漠，开辟出联通亚欧非的陆上丝绸之路。这不仅是一条通商易货之道，更是一条文化交流之路。沿着古丝绸之路，中国将丝绸、瓷器、漆器、铁器传到西方，也为中国带来了胡椒、亚麻、香料、葡萄、石榴。沿着古丝绸之路，佛教、伊斯兰教及阿拉伯的天文、历法、医药传入中国，中国的四大发明、养蚕技术也由此传向世界。更为重要的是，商品和文化交流带来了观念创新。比如，佛教源自印度，却在中国发扬光大，在东南亚得到传承。儒家文化起源于中国，却受到欧洲莱布尼茨、伏尔泰等思想家的推崇。这是交流的魅力，互鉴的成果。这些各国不同的异质文化，犹如新鲜血液注入华夏文化肌体，使脉搏跳动更为雄健有力。古丝绸之路绵亘万里，延续千年，积淀了以和平合作、开放包容、互学互鉴、互利共赢为核心的丝路精神。

新时代、新丝路、新长安。2017年，习近平主席在"'一带一路'国际合作高峰论坛"上指出：古丝绸之路是人类文明的宝贵遗产。为让这些遗产、文物鲜活起来，西安出版社策划出版的"丝路物语"书系，承载着别样的期许与厚望，旨在以丝绸之路的隽永品格对话当代社会的文化建构，以高度的文化自觉唤醒当代社会的文化自信。

我们作为丝绸之路起点长安的文化工作者，更应该饱含对传统文化的深厚感情，自觉担负起实现中华民族伟大复兴的历史重任，充分运用长安学的最新研究成果，为保护、研究和传承人类文明的宝贵遗产尽心尽力，助推"一带一路"伟大事业的蓬勃发展。

精品力作是出版社的立身之本，亦是文化工作者的社会担当。"丝路物语"书系的出版，凝聚着众多写作和编辑人员的思考与汗水。借此，特别感谢郑欣淼部长的热情赐序；感谢策划人、西安出版社社长屈炳耀先生的睿智选题与热情相邀；感谢相关遗址、博物馆领导的支持和富有专业素养的学者和摄影人员的精心创作；更要感谢西安出版社副总编辑李宗保和编辑张正原认真负责、卓有成效的工作。

"丝路物语"书系的出版虽为刍荛之议、管窥之见，但西安出版社聆听时代声音、承担时代使命以及致力于激活文化遗产、传播中国声音的决心定将引领其走向更远的未来。

是为序。

· 李炳武 ·
陕西省文物局原副局长、陕西省文史馆原馆长、"长安学"创始人、陕西师范大学国际长安学研究院首任院长、三秦文化研究会会长、长安学研究中心主任、著名历史文化学者。

世遗泉州

洛阳桥 成冬冬 摄

070 牵系大海的泉州福船

084 如何打造一艘福船

094 测深锤的大用途

102 船锚家族发展史

118 古代船员分工

194 清香袅袅『栴檀绕』

202 海路上的东方影响

210 中国海洋之韵

目录

001 开篇词

002 宋元中国大港

016 四海一家

024 东方海港的天使模样

034 印度留在中国的珍迹

130 小小船联大讲究

142 木帆船上的十二生肖

152 船上神灵群体

162 大国船舶的气魄

170 从泉州出口『中国造』

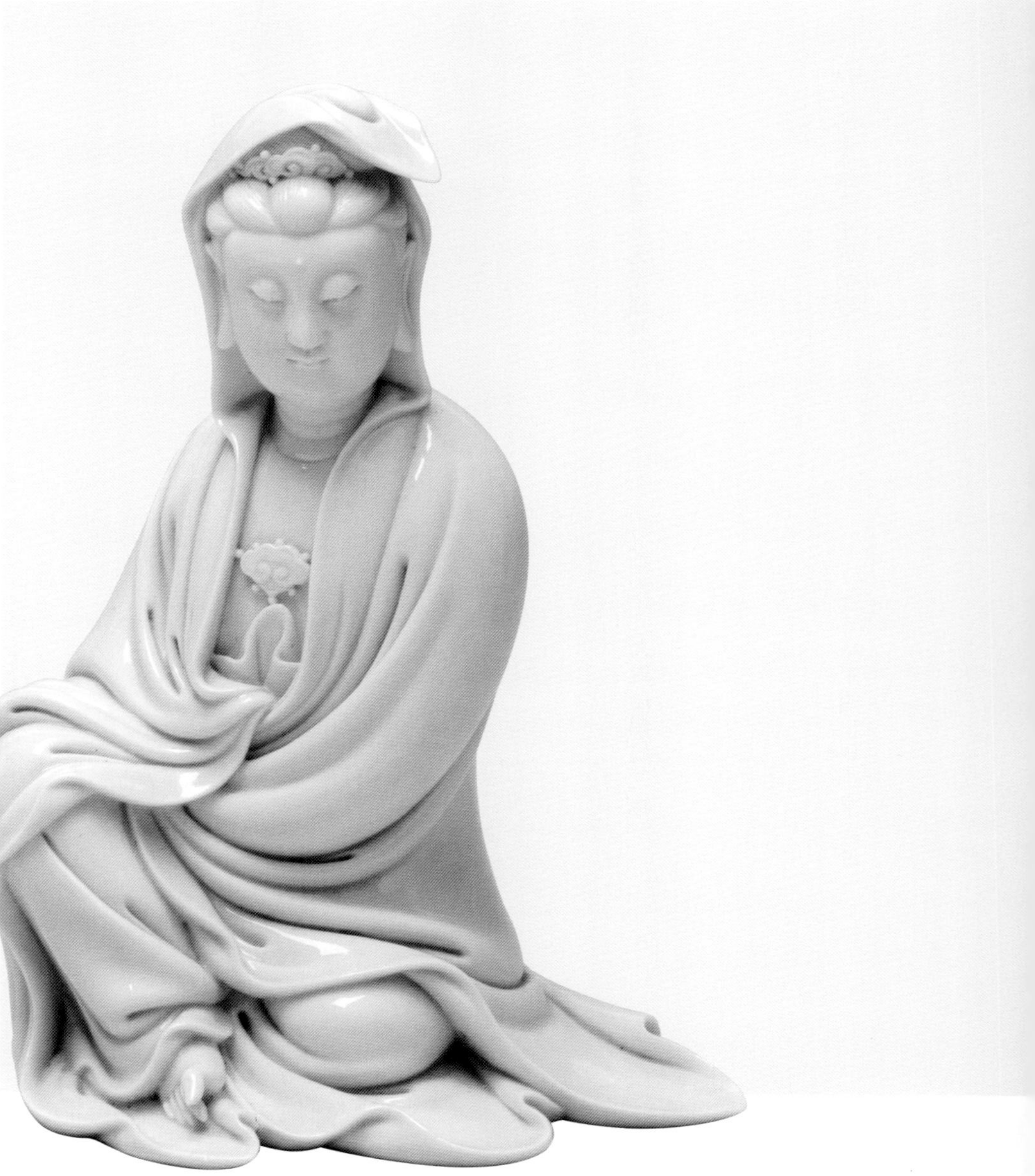

开篇词

丝路物语

世遗泉州

"州南有海浩无穷,每岁造舟通异域。"南朝时期,印度高僧拘那罗陀渡海到达泉州,在九日山下的延福寺翻译《金刚经》。宋代,意大利犹太商人雅各·德安科纳满载货物,由泉州扬帆起航。元代,汪大渊两次由泉州港出航世界,积攒《岛夷志略》素材。明代,郑和在泉州行香,率船队出海远航。明清时期,众多泉州使臣、僧人、工匠背负责任与理想,从这里出发,远赴异国他乡。泉州不仅承载着诸多人出航远行的梦想,也见证了中国瓷器的声名远扬。无论是陕西的耀州窑,还是江西的景德镇窑、浙江的龙泉窑,或是德化窑、磁灶窑等,其各色商品都曾汇聚泉州,出口海外影响世界。泉州浓缩了太多的中国海洋故事。

宋元中国大港

在各种因素的影响之下，宋元泉州成为当时世界的东方海洋商贸典范。中国的商人、产品通过泉州走向世界，世界各国的商旅、货物、文化、信仰也汇聚刺桐城，使这里成为整个世界的一座城市。

　　泉州，一个美丽的滨海城市，她宜居、富庶，充满人间烟火气，也承载着厚重的历史。泉州有一个享誉国际的别称是"刺桐"，这是一个被人们反复提起、无法忽略的称呼。它起源于五代十国的泉州长官兼城市规划者留从效绕城池种植的刺桐树。刺桐树干长有刺，开花时满枝绽放出红艳艳的花朵，很是美丽。阿拉伯人便根据其发音称泉州为"刺桐"，之后世人便知道东方有一个举世无匹的巨港叫刺桐港。

　　联合国教科文组织1991年考察泉州时称，"泉州整个城市是海上丝绸之路博物馆的完美体现"。2021年，"泉州：宋元中国的世界海洋商贸中心"被列入联合国教科文组织《世界遗产名录》。这是中国贡献给世界的一个

江口码头（文兴码头）（成冬冬摄）

和谐多元的海洋商贸版本。位于泉州法石港的江口码头，含文兴码头、美山码头等系列码头，便反映出刺桐港宋元时期海上贸易繁盛的独有风貌。

兴起

泉州位于中国东南沿海，是中国历史上对外通商的重要港口之一。更早时，泉州的许多地方被河水、海水占据或包围着，就仿若在海中一样，"浦""津""淮""坂""围""埭"等字眼便说明了它的沧海桑田。"津"指渡水的地方，"坂"指斜坡或小山坡，"围"就是把江河湖海围起来造田，"埭"则是堵水的土坝。比如，泉州陈埭古为海滩，五代十国时，南唐观察使陈洪进令军民沿江围海筑埭，故名陈埭。哺育泉州的晋江、洛阳江在古时非常宽阔，那时的海湾也相当辽远。江河冲击还造就了肥沃的泉州平原。泉州的东南方是大海，陆地上又被戴云山脉、武夷山脉层层包裹，挡住了西伯利亚南下的寒流。泉州地处低纬度，属亚热带海洋性季风气候，冬季比同纬度地区气温略高，夏季又比同纬度地区气温略低，因此人们又称之为"温陵"。泉州陆地伸向海洋时，还形成了"三湾十二港"，有许多便于船舶驻泊的港湾。

泉州的开发晚于闽北和闽东，这是重山阻隔的地理位置造成的。三国时期，孙吴政权进入闽地，吴永安三年（260）将泉州设置为东安县，归建安郡管辖，治所设在今南安丰州。这是闽南地区最早设立的县一级的政府机构。西晋太康三年（282）又改名为晋安县，在南朝梁天监年间（502—519）由县升级为南安郡，治所依然在晋安即丰州，管理着晋安、兰水、龙溪三县。南安郡此时已成为闽南政治、经济与文化的中心。两晋和南朝时期，北方战乱加速了泉州的发展。西晋末"八王之乱"，少数民族入主中原，"中州板荡"，战争连年不断，百姓困苦不堪，许多北方人被迫向南方迁移。泉州地广人稀，又有所发展，便成为北人南迁的一个重要的目的地。这次南迁是成规模、有批次的且延续时间达十年之久的"衣冠南渡"，对泉州乃至闽地产生了深远影响。

延福寺（成冬冬摄）

　　西晋太康年间（280—289），佛教的延福寺、道教的白云庙即日后的元妙观兴建，这是泉州最早的两座寺庙，它们今天仍旧肩负着文化传承的重任。泉州目前已在南安丰州发现了几十座两晋和南朝时期的墓葬，墓砖上有古乐器"阮咸"、朱雀、鱼龙、花草等图案，还有佛、僧人及其他人物形象。其中一块南朝佛立像纹墓砖，长19.3厘米，宽6厘米，高19.3厘米，其正反面都有"佛"的形象。此外，还出土了鸡首壶等各种形状的青釉器。有的墓葬形式与南京地区的南朝贵族墓形式相同，墓主应为由江浙迁居泉州的贵族。人口南迁还为泉州带来了先进的生产技术，促进了农业、纺织业和陶瓷业的发展。他们带来的是一整套的审美、人文和生活习俗，人们

正面

反面

佛立像纹墓砖 南朝（泉州海外交通史博物馆藏）

沿江而居，江有了"晋"人气韵而被称为晋江。南朝时期，中国海舶已至印度尼西亚、斯里兰卡、印度等地。

发展

　　唐景云二年（711），"泉州"的名字确定下来。泉州是唐代中国的四大港口之一。开元二十年（732），泉州户数已达5万余户，比唐初高出十几倍。全闽户数约为11万户，泉州一地就几乎占到全闽户数的一半。元和四年（809），泉州由中州升为上州，还被称为"富州"。唐末五代，社会动乱，河南光州固始三兄弟王潮、王审邽、王审知随军来到闽南，在当地百姓的支持下攻克泉州。他们统一全闽后，泉州由王审邽管辖，他安定民众、扶助农桑。儿子王延彬是泉州的"招宝侍郎"，他治下发往海外的大商船，从未沉没，促进了海外贸易的发展。其后，留从效、陈洪进治理泉州。唐五代的泉州是幸运的，它偏安于一方，是北方民众迁徙的新"家"，原本贫瘠的土地人口越来越多。泉州城已由丰州顺江迁往东南的鲤城。那时，泉州连年都没有雪，到处都像春天一般。秋天，海边有从北方归来的大雁。从海外回来的大海舶有日本船、新罗船、百济船、婆罗门船、狮子国船、大食船、南海舶、波斯舶、西域舶等，它们一靠港，"船到城添外国人"。来自世界各地的外国人在市井里来回穿梭，开展贸易。

　　五代时，泉州设立榷利院，负责海舶货物的税利，还有专门的文武官员，负责处理海外贸易的相关事务。开元寺曾发现一件南唐保大四年（946）

佛顶尊胜陀罗尼经幢 五代十国（泉州海外交通史博物馆藏）

经幢上的"海路都指挥使""榷利院"

的"佛顶尊胜陀罗尼经幢",它高119厘米,上面便记录着管理海外贸易文武官员的职位,如"专客务""海路都指挥使",还有"榷利院"的名字。海贸对这座城市意义重大。唐代福建产的瓷片曾在欧洲古寺、埃及和印度古城发现,或许有的正是从泉州港运出的。泉州目前已发现了十几处唐五代的窑址,这里曾是重要的青釉、青绿釉瓷器生产基地。泉州今天的一座铁炉庙,据说最早时庙里的香炉是五代治泉长官留从效冶炼而成的。此处曾是留从效的冶铁场。这时,银铁冶炼业已经深入泉州腹地,银器、铁器成为重要的外销产品。唐五代泉州的纺织业很发达,丝织品是远销海外的著名商品。唐朝的船舶制造工艺也采用了大量先进的技术。唐代福建所产的船能装数千石的物品,大的海舶长20丈,能容纳六七百人。今天,泉州开元寺内的唐代老桑树，讲述的是当初黄氏长者桑园七里的往事，他捐赠桑园以建佛刹。泉州日渐兴盛，这里"人物辐辏，文化渐开，帆船如云，鱼盐成阜"。

极盛

泉州在宋元迎来了最好的机遇期，它经历了几次飞跃。北宋初，它挤进全国前三大海港。北宋中期，赶上并超过明州（今宁波）。南宋初，赶上广州，与之并驾齐驱。南宋末，一举超过广州。元代，进入鼎盛。当初荒蛮的泉州达到极盛，成为宋元享誉世界的东方巨港。马可·波罗说："刺桐港即在此城……我敢言亚历山大或他港运载胡椒一船赴诸基督教国，乃至此刺桐港者，则有船舶百余，所以大汗在此港征收税课，为额极巨。"

北宋官方颇为重视中国东南方。北宋末年，由于金兵南侵，汴京城破，徽钦二帝被掳北上。皇室认为"东南久安，财力富盛，足以待敌"。南宋更加依赖市舶之利，他们需要海外贸易的税收。泉州海外贸易的税收在一些时期已占到南宋全部财政收入的五十分之一左右。从南宋统治者的微言大义中，也能感受到他们对泉州的重视与日俱增。他们在官方文本中说"泉、广市舶司"或"广、福市舶司"，把泉州与广州并列称呼。这说明泉州的经济地位已上升到一定的高度。

由于泉州海舶利润丰厚，赵宋的349名皇族后裔们于南宋建炎三年（1129）陆续迁入泉州，管理他们的南外宗正司也一并迁移至此。南外宗

南外宗正司遗址出土的"官"字砖 宋代

室作为一支重要的政治力量，既为官从政，又积极开展海外贸易，极大地刺激了泉州的高端消费市场和贸易需求，进一步促进泉州海内外贸易的繁荣发展。宗室成员还广泛参与泉州的手工业、桥梁建造、教育，以及戏曲音乐、礼仪风俗、武术等活动，为泉州各个领域注入了高端人才，促进了各项社会事务发展。从南外宗正司迁入泉州到南宋灭亡的百余年间，宗室人口增长至3000多人，共有11位宗室成员担任泉州市舶司提举一职，占该职位任职人数的十分之一。南外宗正司在泉州的设置加强了国家政权对泉州海洋贸易的管理。南外宗正司遗址位于肃清门西南，即开元寺南部。目前已考古发现两处建筑基址、一处水岸设施、一处沿岸道路，出土文物有建筑构件、瓷片等。出土的砖块上刻有"官"字，表明其与官方建筑有关。一些瓷器残片上有墨书，其内容与干支纪年、机构名称或人名有关，这是与皇族群体相关的重要线索。

宋元交替之际，在阿拉伯人后裔蒲寿庚的带领下，泉州被完整地移交给了元代统治者，有幸躲过战乱。自此，元政府以泉州为中心，鼓励外商来中国开展贸易，对外商采用"其往来互市，各从所欲"的开放政策，给进口货物以优惠政策。从圣旨次数上也能看到泉州的重要性，元至元十九年（1282）四月发5道圣旨给泉州，十月10道。至元二十五年（1288），发给泉州24道圣旨。至元二十九年（1292），元政府设立福建行中书省，行省中心就设置在泉州，泉州的政治地位达到了历史最高峰。第二年，元朝还把泉州当成楷模，要求各地市舶司在税则法规上依照泉州的办法施行。元代大文人吴澄说："泉，七闽之都会也，番货远物异宝珍玩之所渊薮，殊方别域富商巨贾之所窟宅，号天下最。"《元朝名臣事略》上则说："民物日以繁息，仓廪之积，盈衍于外，海内翕然，号为极治。"

宋元泉州的人口从几十万一直增长到一百多万，原本地广人稀的土地也变得紧张起来，人们不得不加紧开发每一寸土地。泉州依山面水，水资源丰富，土壤肥沃，适合水稻、茶叶、桑麻、水果、林木等多种多样的亚热带植物生长，也有不少的矿藏、瓷土资源。经济发展促使人们不断调整种植和生产生态，以适应海外贸易的需要，整个泉州成为对外贸易的重要生产依托，经济的巨大吸附力也使中国各个地区成为其经济产品的生产与供货腹地。泉州的纺织业、陶瓷业、冶炼业、制糖业等各行业都在发展。泉州的丝织品有丝、缎、绢、罗、布、绢扇、绢伞等几十种，出口东亚、东南亚、南亚、非洲等地区的70多个国家。陶瓷器也是泉州出口的大宗商品。迄今我们已在泉州各地发现了大量宋元窑址，如德化窑、磁灶窑等，

德化窑·青白釉印花粉盒 宋代（泉州海外交通史博物馆藏）

其品种繁多，有军持、小口瓶、碗、钵、缸、盘、碟、罐、粉盒等，黑釉、白釉、青釉也一应俱全。今天，我们还能在世界各地看到这些宋元产的外销品。冶炼业也在发现矿址的各个山头繁荣发展，我们能在很多遗址看到漫山遍野的铁渣。许多被打捞的古船上也储藏着不少铁器。总之，商贸往来中的各行各业都与世界产生着联系，小到粉盒，大到海舶。

海外贸易发展催生了城市管理的提升。北宋元祐二年（1087），朝廷正式在泉州设置管理海外贸易事务的机构——市舶司，其设置标志着泉州正式成为开放的国家对外贸易口岸，这对泉州的发展意义重大。市舶司的职能主要是对海舶进行检查、缉私，办理海舶出海和返航手续，抽收货税和出售进出口货物，接待和管理外国来华使节、商人等。市舶司的设立为泉州本地商船提供了便利，周边省份的船只也大量从泉州港出发，同时吸引了众多外国商人到来，泉州对外贸易日益频繁。宋太宗八代孙赵汝适宝庆元年（1225）便担任过福建路（泉州）市舶提举，还兼任泉州太守、南外宗正事。赵汝适在泉州市舶司提举任内，参考相关图籍，询问来泉州的外国商人，写成《诸蕃志》。该书从多角度、多层次真实记载了泉州港在南宋时的繁荣景象，为后人留下了一份极其宝贵的历史遗产。市舶司遗址位于涂门街和新门街的交界处，出土了许多宋元时代的陶瓷类生活用品、建筑构件等文物。

  泉州城市建设也在不断发展，各项基础设施拔地而起，很多建筑遗留至今。在港口经济驱动下，宋代泉州掀起了史无前例的"造桥热"，300多年间共建造上百座跨江、跨海大石桥。如洛阳桥连接泉州市区与惠安，泉州北上到福州的沿海陆路交通线被打通。顺济桥连接泉州市区与晋江，方便了晋江南岸各港口与泉州城之间的交通。安平桥连接晋江安海与南安水头，使泉州南下到潮州、广州的交通路线由上游山地迁移至沿海平原。这些桥梁的建成代表着泉州沿海大通道的形成，使泉州区域内外连成一体，从而提升了泉州的交通运输能力与便捷程度。泉州发达的自然水系以及日渐完善的交通运输网络又进一步促进了海外贸易的兴盛。

  古代海上航行时，航标塔极为重要，它指引着船只正确出入港口。泉州现存重要的两座航标塔分别是万寿塔和六胜塔。万寿塔，又称关锁塔、姑嫂塔，处于泉州湾与外海交界处，古人认为在此建塔可以锁住水口，以保平安、护佑商旅。六胜塔位于泉州湾东南岸出海口的金钗山上，由两位僧人祖慧、宗什联合乡绅募资兴建。"六胜"之名从印度佛教的"六胜缘"而来。万寿塔是远洋海域进入泉州湾的远距离航标塔，六胜塔则是由泉州湾主航道驶向内河港口的近距离航标塔。

如此大型、如此众多的基础设施，没有足够的资财很难形成。

际遇

泉州紧紧追随着中国的两个国际港口城市广州、宁波的脚步发展，最终成为东方第一大港。泉州为什么后来者居上？除了城市自身的努力之外，还与社会环境、历史事件有关。从唐至元末，泉州几乎没有遭受多少战乱，她有机会持续发展，也始终保持着开放的贸易态度，因此才有幸成为宋元时代的国际巨港。相比之下，广州北宋时被人民起义军围攻 57 天，宋元交替之际元军多次入广平定广州，使其遭受重大破坏。宁波明州港南宋时也经历过两次金军南侵。战乱是影响港口城市发展的一个重要因素，和平稳定是城市发展的基础条件，基础条件满足之后，优良的港口、先进的技术、勤劳的人民、国家的支持等因素才能成为分析一个港口为何繁荣的要素。在各种因素的影响之下，宋元泉州成为当时世界的东方海洋商贸典范。中国的商人、产品通过泉州走向世界，世界各国的商旅、货物、文化、信仰也汇聚刺桐城，使这里成为整个世界的一座城市。

（段燕飞）

四海一家

泉州似乎是四海各国人民共同居住的城市。中国人、外国人，中国文化、外国文化，在宋元泉州和谐融洽。这里多元共生的场景众如繁星。

旅行家笔下的国际港口

南宋，意大利犹太商人兼旅行家雅各·德安科纳来到泉州，目睹了泉州的繁盛，并将之记录在《光明之城》一书中。关于刺桐港，他说"这是一个很大的港口……它的周围高山环绕，那些高山使它成了一个躲避风暴的港口。它所在地的江水又广又宽，滔滔奔流入海，整个江面上充满了一艘艘令人惊奇的货船。每年有几千艘载着胡椒的巨船在这儿装卸，此外还有大批其他国家的船只，装载着其他的货物。就在我抵达的那天，江面上至

"涨海声中万国商"国画（李硕卿、吴惠宝绘）

少有 15000 艘船，有的来自阿拉伯，有的来自大印度，有的来自锡兰，有的来自小爪哇，还有的……来自法兰克其他王国的船只"，一派"涨海声中万国商"的盛景。"我看见停泊在这儿的大海船、三桅帆船和小型商船比我以前在任何一个港口看到的都要多，甚至超过了威尼斯。而且中国的商船也是人们能够想象出的最大的船只，有的有 6 层桅杆，4 层甲板，12 张大帆……"

泉州的包容也令雅各感到惊诧。他看到泉州"是整个世界的一座城市。在这一地区住着穆罕默德教徒，在那一块地区住着法兰克人，在另一个区域又住着基督教徒中的亚美尼亚人，在另一块地区则是犹太人，平安与他们同在；在另一个地方又是大印度人，每一块地方又分成几部分……""这座城市是一个民族的大杂烩，据说有30个民族之多，城中的每一个民族，都已居住了很长一段时间，都有它自己的语言"，同时"所有人都被允许按照自己的信仰来行事"。中国人"不强迫任何人违背自己的志愿而留在这个城市，也不将任何希望继续与他们相处的人拒之门外"。

宋元泉州的富庶难以形容。雅各说"由于街上有如此众多的油灯和火把，到了晚上这个城市被照得特别灿烂，在很远的地方都能看得到它"，因此人们称泉州为"光明之城"。雅各认为泉州"是一座极大的贸易城市，商人在此可以赚取巨额利润，作为自由国家的城市和港口，所有的商人均免除交纳各种额外的贡赋和税收"，这个城市"从中国各个地区运来的商品十分丰富，诸如有上等的丝绸和其他物品"。"每一位商人，无论是做大买卖还是做小买卖，都能在这个地方找到发财的办法，这个城市的市场大得出奇"。"在这里你可以找到来自世界遥远地方的商品"，乃至"连通城市的道路上都挤满了运货的马车"。雅各对泉州的繁荣印象深刻，他在这里也获得了巨额的利润。泉州似乎是四海各国人民共同居住的城市。

"泉南佛国"

在泉州的22处世界遗产中，直接关乎宗教的竟有十几个，涉及儒释道、伊斯兰教、摩尼教等。如果能亲临这座城市，你会发现她的"仙"气比想

九日山上题刻的"泉南佛国"

象中更加特别且多元。泉州大大小小的寺庙不计其数,城区内三五步便能邂逅一座或大或小的寺庙,更令人动容的是这里以朴实、真诚心态追求美好生活的人民,以至于当我们置身其中,竟不知世俗与"仙界"的交汇处到底在哪里。泉州为何成为宋元中国的世界海洋商贸中心,这与中国和谐包容的文化有着一定的关系。佛教是最早传入中国的宗教,也是被中国人接受、吸收、转化较为彻底的一个外来宗教,它几乎与中国文化融会贯通。从泉州"佛"的故事中,或许我们能找到这里多元文化的一些秘密。

泉州目前已知最早的佛教寺庙，是位于九日山的延福寺，建于西晋太康九年（288）。拘那罗陀是精于大乘之说的印度高僧，梁武帝曾盛邀他来中国开展佛教事业，后从泉州港出发回印度。他一边等候季风，一边在南安丰州九日山下的延福寺翻译《金刚经》。南北朝陈天嘉三年（562），拘那罗陀从泉州梁安港起航南行，中途遇上台风，船被漂到广州。他是目前记载的最早来到泉州的外国人，这也从一个侧面证明了泉州当时港口建设、船舶制造、海外贸易的发展。唐垂拱二年（686），今天泉州知名景点开元寺也开始兴建。五代十国，这里的海外贸易便越来越繁荣，统治者们非常热衷建造佛刹。宋时的僧人也非常多，为了传播佛教、发展贸易，僧人们还参与了泉州轰轰烈烈的造桥运动。泉州的城市名片开元寺的仁寿塔和镇国塔，宋时已改成石塔。迎接过万千中外商人的航标佛塔万寿塔、六胜塔也在僧人的组织下建起来。泉州"泉南佛国"的名声在宋元时已形成。

但"佛国"的"佛"还有更宽泛的意思。元代一位信士捐刻摩尼教造像后，留下了"早生佛地"的字。元代一位管理基督教的长官，去世后的碑刻上写有"匪佛后身，亦佛弟子"的话。那时，清净寺的尖塔甚至被称为"叫佛楼"。出身摩尼教世家的元代畏兀人偰玉立题写的"泉南佛国"四字还被刻在了九日山和清源山上。阿拉伯人蒲力目与李二娘仔"同发诚心，共成佛果，喜舍朝天炉"于承天寺。在泉州，"佛"是儒释道文化氛围中的一分子，是一种文化语言，也是沟通中外的媒介，更是中国文化接受外来文化，两者和谐融合的一个重要表征，有助于打造多元的格局。

中外一城

宋代，外国人在泉州的聚居区叫番人巷。泉州番人大多集中在城南，"东起青龙聚宝、经一桥市，西至富美与风炉埕，北从横巷起，南抵聚宝街以南的宝海庵止"。这里靠近晋江，景象繁忙，仓库、住所、私家花园、寺庙各安其所，世界上的各类人物也都汇聚于此。依据官方规定，番客不准住在城市中。阿拉伯人大概是围绕城区边界分布的，但时间久了，这种界限变得模糊。官家会限制外国商人大量购买房屋和土地，即"毋多市田宅"。许多番商在这里都已经生活了好几代，已是城市公民。土生番客也不稀奇。由于番客数量越来越多，后代的教育便成了一件大事。北宋大观年间（1107—1110）、政和年间（1111—1118），广州、泉南上奏朝廷请求建立番学。泉州番学的经费大多来源于番商，部分由政府出资，他们也会学习中国传统儒学。宋代泉州的大街上还能看到德高望重的番长，他们身着大宋的官服，职责是处理与番客有关的事务。在大宋，番长的职位不可世袭，应由有威望的人担任。

外国人与中国人共处一城，这里商铺繁多，他们日日都要生活在中国的建筑、习俗和文化氛围之中。泉州城的南门德济门，如今是一处重要的世界遗产。2001年，经由考古工作者对德济门遗址挖掘整理，发现了南宋、元、明、清等各朝代修建的遗迹。遗址还出土了多块伊斯兰教、基督教、印度教石刻。其中有一方石刻最为特别，一端是基督教的十字架与莲座，另一端是伊斯兰教的"云月"图案，呈现出文化融合的奇异现象。进南门

德济门遗址出土石刻
一端是基督教十字架与莲座图案，另一端是伊斯兰教"云月"图案

后，一眼便看到了妈祖寺庙天后宫。这是宋元中外商人来往必经的一个地方。泉州天后宫始建于南宋庆元二年（1196），位置显要，连通城区和海港，是宋元南部商业区的地标。妈祖信仰起源于宋代。自宋至清，妈祖不断获得朝廷敕封，从顺济庙号，到天妃，再到天后。妈祖从地区海神升级为全国海神。泉州天后宫是妈祖信仰的发祥地和对外传播中心，是海内外建筑规格最高、规模最大的妈祖庙。随着宋元中国生产、存储、海运业的繁荣发展，福建商人在世界上许多泊船的地方建造了妈祖寺庙，一些寺庙周边还形成了贸易市场和交通枢纽。妈祖信仰在世界各地安家落户，甚至欧洲、美洲都有妈祖庙。

泉州是外来文化留存丰富且多元的一个中国城市，这也是泉州的一大传奇。中国人、外国人，中国文化、外国文化，在宋元泉州和谐融洽。这里多元共生的场景众如繁星。中国人不那么讲究二元必然对立的思想造就了堪称世界多元共生典范的城市奇观。

（段燕飞）

东方海港的天使模样

泉州四翼天使造像集合了人类浪漫、超越自己、自由翱翔的强烈愿望与心情，它汇聚波斯文化、西方天使、中国佛教、民间文化信仰于一体。

如果有机会到泉州海外交通史博物馆参观，不妨多关注一下这里的"泉州宗教石刻陈列馆"，馆内展示着很多出现在中国宋元时期的珍贵基督教、印度教碑刻。你会发现这里既有异域风情，又有熟悉的中国图案；既融合了繁多的外来文化，又彰显了坚定的中国底色；既展现了古代的多元交融，又不乏对当代世界发展的启迪。看着石碑上的图案、文字与造像，仿佛听到了中外友人平凡商贸生活里的和平交谈声，他们握手言谈的画面似乎凝固在了石头上。这是一个迷人的地方。

基督教尖拱形四翼天使石墓碑 元代（泉州海外交通史博物馆藏）

东方天使

  泉州发现的许多基督教碑刻上，最特别的造像是四翼天使，它是泉州多元文化的一个代表。1975年出土于泉州东门外仁风街的元代基督教四翼天使石墓碑，其长53.5厘米，宽9.5厘米，高51厘米。它呈仿壶形造型，上部为尖拱形，尖拱下有一镂空，碑上是一位男性天使，面相饱满盈润，头戴三尖冠，身着宽袍，耳垂落到肩部，很有佛家风范，好像元代的菩萨造像。四翼天使肩膀上穿戴着的云肩，是元代贵妇流行的服饰之一。天使双手上的莲花也特别有趣。莲花原本在佛教中象征圣洁和生死轮回，后来被景教徒运用于本教，放置于十字架下面，便有了著名的莲花十字架造型，这是景教东方化后的标志。如果不是因为有一个十字的造型，估计人们会说这是中国地道的"佛"像。

四翼天使的四个翅膀，看上去非常雄壮有力，它们张开着，呈飞翔姿态。据学者研究，东西方有着相似的想象，都出现过有翼的形象，只不过中国的羽人形象没能产生更持续的影响。这件四翼天使碑刻是泉州景教的艺术代表。四翼天使的四个翅膀，与亚述、波斯等地不断流传的四翼守护神有关。宋元时，一些西亚人将四翼的形象带到了泉州。

四翼天使还有非常典型的中国飞天式的飘带，从左右肋下分别向上扬起两条飘带，也呈飞翔的状态，它们使四翼天使造像看上去又多了几分轻舞飞扬的感觉。飘带是中国人对飞翔的一种浪漫想象。说起飞翔，这尊天使趺坐于中国传统纹饰如意卷云纹上，也是中国特有的腾云驾雾样式。翅膀、飘带和祥云的造型混合在同一个造像上，看上去却不混乱，反而非常和谐。可以说，当时的工匠真是倾尽心血了。估计世界上很少有天使造像能像泉州四翼天使造像一样，拥有如此齐全的"飞翔装备"。

泉州四翼天使造像集合了人类浪漫、超越自己、自由翱翔的强烈愿望与心情，它汇聚波斯文化、西方天使、中国佛教、民间文化信仰于一体。虽然人们相隔万里，却依然能够通过海上丝绸之路建立文化的传播、影响与交融，这就是东西方文化交汇的魅力所在。多元文化在人类发展中是一

基督教四翼天使石墓碑"蕃丞相" 元代（复制件）（泉州海外交通史博物馆藏）

件非常普遍的事，不同的人到一起总要相互影响。这便是人类历史一直在发生的故事。泉州四翼天使造像并不完全属于一种信仰、一个宗派，它是多种文明在中国和洽共生的结果。

泉州类似的天使造型还有许多。有一尊四翼天使石墓碑清末时从地下发掘，人们认为这尊石碑是类似佛像的祥瑞之物，便把它砌在一座小庙的墙上，民间称之为"蕃丞相"。一些须弥座祭坛式墓垛石上也有天使形象，既有单个的，也有成对的。这些天使与四翼天使有异曲同工之妙，只不过

（长 74 厘米，宽 10.5 厘米，高 30 厘米）

（长 79 厘米，宽 12.5 厘米，高 18 厘米）

（长47厘米，宽11厘米，高27厘米）

（长50.5厘米，宽15厘米，高17.7厘米）

基督教天使墓垛石 元代（泉州海外交通史博物馆藏）

样式不太一样。它们大多头戴僧帽，垂耳有环，僧袍宽敞，呈向前飞翔的姿态，飘带、衣服飘浮起来，还有些天使没有翅膀。若天使手捧圣物，其自下而上一般为巾状物、盘、莲花座、十字架。如今，我们认真琢磨它们的细节时，依然会对之感到诧异。

元代来泉州工作的主教和官员

  基督教碑刻上还发现了佛教常用图案华盖、幡幢等。基督教大德黄公石墓碑上便是这些图案与十字架共存。该碑1947年出土于泉州北门城垣，长22厘米，宽8.5厘米，高40厘米，其下部浮雕的幡幢上刻着"大德黄公年玖参岁"的字。"大德"是佛教用语，用在基督教中便是主教或教士的敬称。这些碑刻的诞生印证了泉州的繁荣发展，海外贸易为多元文化的碰撞交融注入活力。泉州当时是中国最大的港口城市，与近百个国家和地区都有来往。居住在城内的外国人还会为信仰捐资，一位来自亚美尼亚的贵妇便曾捐造了一座华丽的教堂。元至治三年（1323），来自意大利的

基督教大德黄公石墓碑 元代
（泉州海外交通史博物馆藏）

天主教泉州主教安德烈石墓碑 元代
（泉州海外交通史博物馆藏）

安德烈·佩鲁贾奉中国区总主教之命，从北京来到泉州，成为这里的第三任主教，亚美尼亚贵妇出资建造的教堂便是泉州的总教堂。

安德烈工作非常敬业，他曾写述职信回家乡报告自己的工作情况。今天的巴黎图书馆内，还保存着他在泉州工作三年后于元泰定三年（1326）写的一封信。信中说中国的皇帝对宗教传播采取非常宽容的态度，每年给他一大笔的俸金，还提到贵妇捐建教堂的事，并说自己在泉州郊区的小树林里建造了另一座教堂。他还说，在这里，确有天下各国和各宗教派别之人，所有的人都可以按照各自教派而生活。这位意大利人最后留在了泉州，博物馆现在还有他的碑刻。这方碑刻长44厘米，宽8厘米，高63厘米，上部曾刻有天使纹饰，现已损毁，碑身有几行拉丁文："这里安葬着安德烈·佩鲁贾，圣方济各会修士，（耶稣基督的）宗徒……在……月1332年。"总之，安德烈把生命最后的时光留给了泉州。

来泉州工作的既有主教，也有管理相关教务的公务人员。有一位官员叫吴唵哆呢嗯，他应该

"刺桐十字架"基督教石墓碑 元代（泉州海外交通史博物馆藏）

兴明寺"也里可温"石碑 元代（泉州海外交通史博物馆藏）

很熟悉汉字，给自己起了汉姓"吴"，名字应该是采用了音译过来的"安东尼思"。他的名字发现于目前为止纪年最早的一块景教石碑上，该碑长61.5厘米，宽10厘米，高25厘米，1984年出土于泉州涂门街。碑上刻着14竖行汉字："于我明门，公福荫里。匪佛后身，亦佛弟子。无憾死生，升天堂矣。皆大德十年岁次丙午三月朔日记。管领泉州路也里可温掌教官兼住持兴明寺吴咹哆呢㗅书。"这是吴咹哆呢㗅为教徒写的墓志铭。我们从中可知，景教为了生存借用了不少佛教用语。元代将天主教、景教统称为"也里可温"，政府中有专门管理相关教务的官员。这位吴咹哆呢㗅既是泉州地区基督教事务的掌教官，又是景教兴明寺的住持。

除了主教、掌教官的相关记录外，泉州发掘的基督教碑刻上还有叙利亚文"高昌城人图克迷西·阿塔·艾尔之子乌斯提克·塔斯汗""圣洁的申马克公主夫人"，以及用八思巴文所载的"叶氏墓志""易公刘氏墓志""翁叶杨氏墓志"等。泉州十字架造型丰富，整合了希腊十字架和拉丁十字架的多种变体，这些十字架与云纹、莲花、飞天、华盖等中国传统图案结合，形成了独特的图像符号，被国际学术界赋予"刺桐十字架"的美称。这些图案、现象跨越几百年，依然在讲述着一段多元共生的文化故事，为我们带来震撼的美学意蕴。

（段燕飞）

印度留在中国的珍迹

印度教是世界上古老的宗教之一，起源于古代印度河流域。宋元时期，许多印度商人沿着海上丝绸之路来到泉州，也带来了他们的信仰和印度教建筑艺术。

壮丽的"番佛寺"

"大印度的商人，他们很容易被看出来，因为他们又瘦又黑，他们的妇女，尤其是chesimur的妇女，都非常美丽。这些大印度人和他们的妇女都根据自己的选择，以蔬菜、牛奶、米饭为食，不吃肉和鱼。他们既不像刺桐人那样吃东西，也不遵循他们的习俗习惯。"雅各在《光明之城》中这样描述过在泉州的印度人。宋元时期，这里确实有许多的印度商旅，他们还有自己的寺庙，可见这个群体的数量并不少。

印度人在建造寺庙时，喜欢立一块奠基的碑石。泉州便出土过两块相关的碑刻，说明这里曾有过至少两座印度教寺庙。其中一块断为四段的碑

断为四段的泰米尔文碑 元代（泉州海外交通史博物馆藏）

断为两段的泰米尔文碑 元代（复制件）（泉州海外交通史博物馆藏）

刻，出土于泉州讲武巷西侧，长129厘米，宽10厘米，高29厘米。碑上有三行泰米尔文（南印度地区语言）："向哈拉致敬。让世界繁荣，雨水丰沛；让真正的奉献者昌盛；唯让善湿婆之道繁荣；让此神圣的白灰永远超越一切。"下面还有一行中文："开山祖师（蔗？）哇籍加那日智和尚"。另一块断裂为两段的泰米尔文碑，长110厘米，宽11厘米，高32厘米。碑上记录着："向庄严的褐罗致敬。愿此地繁荣昌盛。时于释迦历1203年哲帝莱月（公元1281年4月），港主挹伯鲁马尔，为感谢察哈台罕的御赐商业执照，特建寺庙……并愿吉祥的察哈台罕幸福昌盛。"从碑文可

泉州印度教寺庙复原场景（泉州海外交通史博物馆展示）

知，曾有一位印度商人获得御赐执照在泉州建造印度教寺庙，他还为元代的统治者祈福。民间称印度教寺庙是"极为壮丽"的"番佛寺"。

印度教是世界上古老的宗教之一，起源于古代印度河流域。宋元时期，许多印度商人沿着海上丝绸之路来到泉州，也带来了他们的信仰和印度教建筑艺术。20世纪初以来，泉州陆续发现了200多方印度教石刻，是中国唯一拥有印度教寺遗存的城市。这些石刻是元代印度教寺及祭坛的建筑构件，其上图案多以印度史诗《摩诃婆罗多》《罗摩衍那》有关神话传说为题材，糅合中国传统装饰纹样，从而创造了一种表现外来宗教内容的独特工艺手法，具有很强的艺术感染力。

毗湿奴和吉祥天女

印度教的三大主神，分别是创造之神梵天、保护之神毗湿奴和毁灭之神湿婆。中世纪，南印度流行毗湿奴崇拜和湿婆崇拜，这两个主神相关化

印度教毗湿奴石雕立像 元代（泉州海外交通史博物馆藏）

身的石刻在泉州皆有发现。泉州印度教毗湿奴石雕立像1934年发掘于南教场（今为泉州一处物流货运中心），现收藏于泉州海外交通史博物馆，是一尊令人惊艳的重要文物。印度人崇拜大名鼎鼎的毗湿奴，他法力无边，充满仁慈，呵护着整个世界。在久远的宋元，印度人跨越重洋来到泉州后，他们和当地工匠怀着赤诚的期待，用泉州的辉绿岩石打造出了一尊肃穆的毗湿奴神像，并被许多来此贸易的印度人祭拜。

泉州毗湿奴造像立于半月形莲座上，长51厘米，宽27厘米，高124厘米。它头戴高高的圣冠，这是该类造像常见的一种样式，面相平静、和善又威严，两眼下视，鼻梁高耸，略带微笑。肩宽腰细，有四只手臂。左上手持海螺，代表生命的起源，螺纹则象征无限的空间。右上手持轮盘，象征轮回和永不终止的创造演化。左下手握杵，象征摧毁、横扫一切的时间力量。右下手已断失，据推测，应该是施无畏印以表示善意。这尊造像是毗湿奴化身之一，即《罗摩衍那》里的主人公罗摩王子的造型。在印度，有关罗摩王子的造型很多，此尊造像基本保留着印度本土风貌，只是在衣饰的表现上较为简洁，面部特征上综合有印度人和中国人的特点，显得高贵、静穆。

泉州还发现了毗湿奴妻子吉祥天女的石像。毗湿奴之妻拉克希米也称为吉祥天女。当毗湿奴下凡变体时，拉克希米总是追随着他。当毗湿奴化身为罗摩时，拉克希米便是悉多。当毗湿奴为黑天时，拉克希米便是艳光。印度人还会雕塑他们夫妻两个在一起的造像。吉祥天女是印度教中象征美丽、富足和欢乐的女神，很受人们欢迎，甚至被许多非印度教徒供奉以求

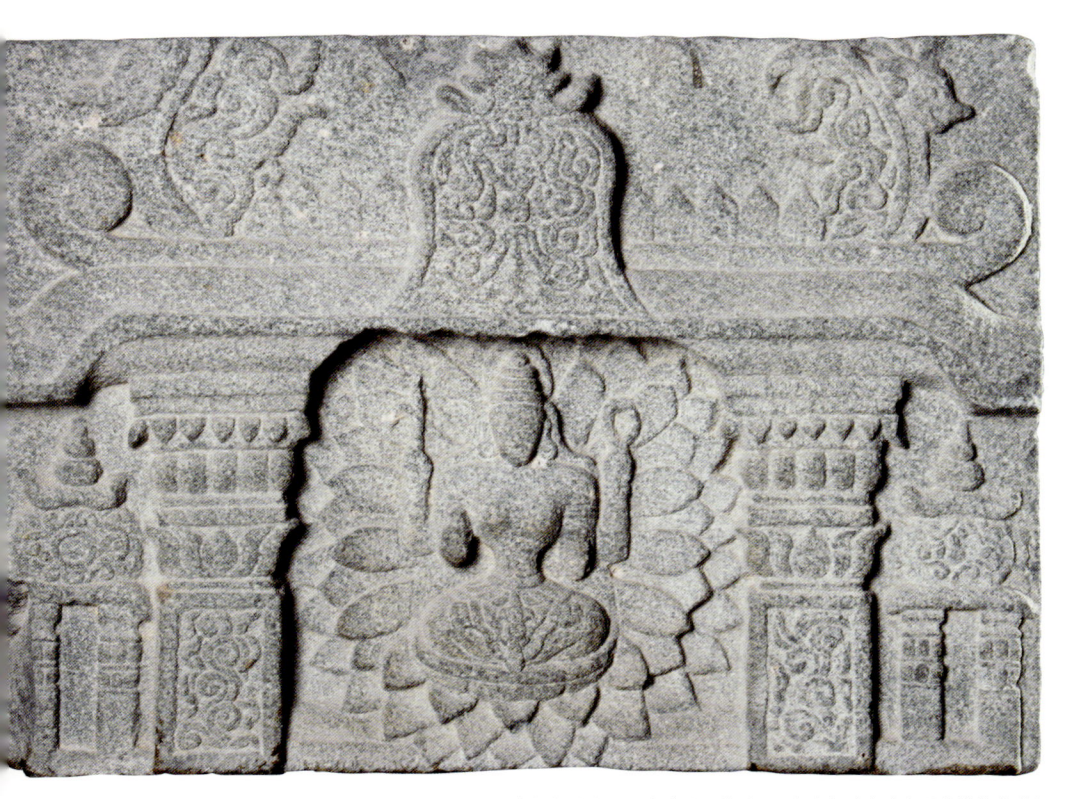

印度教女神吉祥天女龛状石构件 元代（泉州海外交通史博物馆藏）

祝福。这尊造像的体态非常优美。她趺坐于一石龛中，也就是左脚盘在右腿上，右脚盘在左腿上，这是最安稳的一种坐法。她有四条手臂，左右上手都持有神器，右下手作无畏手印，左下手残断。造像袒露上体，蜂腰，下身穿裙子，坐于圆盘上，身后是一朵美丽的大莲花，十分庄严。

湿婆和中国"观音"

  毁灭之神湿婆在南印度广受崇拜，也是泉州印度教石刻造像刻画的主要对象。湿婆原型常被绘制成三只眼和四只手，手中分别拿着三叉戟、神螺、水罐、鼓等，头上有一弯新月作为装饰。据说他额上第三只眼的神火能烧毁一切，而毁灭之后还有创造的能力，代表着毁灭与再生的力量。湿婆有各种不同的相貌，如林伽相、恐怖相、温柔相、三面相、舞王相、苦行者相、半女之主相等，而林伽是湿婆的最基本象征。泉州石刻中的湿婆主要有苦行者、林伽等形象。

  比较奇特的一件事是泉州有一个湿婆的苦行者形象竟出现在佛教开元寺的一根石柱上，这是怎么回事呢？原来，这是因为人们修建佛寺时直接使用了废弃的印度石柱（十六角柱）。湿婆的苦行者形象与"恒河降临"的故事有关。湿婆用头发承托恒河水以防止大水冲毁大地。相关雕塑突出表现恒河女神立于湿婆周身，泉州这块浮雕中的恒河女神立于湿婆的头顶右侧，左侧是湿婆不可或缺的月牙。湿婆头上的月亮和手中的蛇，传说是仙人出于嫉妒用猛兽、月亮击打湿婆，却被湿婆收归己有，也包括穿戴的

开元寺石柱上的苦行者湿婆造像

兽皮。这尊造像也有四只手。右手拿的三叉戟是湿婆典型的象征物之一，三个叉象征创造、保持和破坏。右后手的鼓也是最常见的象征物，代表宇宙初创的节奏。左后手的蛇象征死亡和永恒的时间轮回。左手中的碗是苦行者的法器。头发也是苦行者的发辫，叫作"持发辫"。

在泉州北门街白耇庙内的焚纸炉上，还发现了图像雕刻精美的大象与

印度教大象与林伽龛状石构件 元代（泉州海外交通史博物馆藏）

林伽石刻。石刻上的大象头戴帽子，背挂链饰。它用鼻子卷起一朵花，轻轻地罩在林伽上。林伽安放在枝叶繁茂的树下，而林伽底座采用的是中国式卷云纹图案，画面布局合理美观。看得出，大象因完成这件神圣的事情而感到无比欣幸，它欢快地抬起了脚。原来，这描绘的是《往世书》里对湿婆崇拜的故事。工匠将故事刻画得动静相宜，十分传神。

湿婆妻子的造像在泉州也有发现。1987年，考古人员在泉州晋江市池店村兴济亭壁上发现砌有一尊当地村民祭拜已久的"观音"，经专家研

印度教迦梨女神石构件 元代

究，认为这块石刻刻画的是湿婆妻子帕尔瓦蒂的化身迦梨女神。造像上的女神头发竖直，两耳饰物垂肩，蜂腰，坐于莲台上。右腿盘起，左脚垂下，踩着一个仰卧者的头部。神像有四个手臂，后两手在身体两侧举起，各执法器。前方右手中的长矛刺中地上仰卧者的胸部，另三只手分别持有湿婆的标志物鼓、蛇和铃铛。迦梨女神两侧各站立一尊神像，皆蜂腰、耳垂及肩，头上有螺髻。这又是一例泉州民俗文化生动丰富的体现。

哈奴曼

哈奴曼是史诗《罗摩衍那》中历经磨难的神猴。他对毗湿奴的化身罗摩十分忠诚。罗摩说过，只要自己的故事在大地上流传，哈奴曼也一样会被人们记住。在许多印度雕塑中，哈奴曼双手掀开自己的心脏，里面呈现的是罗摩与悉多的图像。1947年，泉州旧城门地基里发现了一块高两米的门框石，门框底部有一猴子形象，它与另一块1943年出土于泉州通淮门城墙、刻有双手合十表示欢迎的人物造像门框石应该是一对。这个猴子是蹲坐手持莲花的形象。泉州海外交通史博物馆学者曾在南印度的两个寺庙里看到过相似的造像。印度的相关造像有的穿着较复杂，有的手握一枝未绽放的莲花，有的双手合十表示欢迎。这些造像常被刻画在入口或厅堂的柱子上，是寺庙中的常规造像，有守护寺庙主神的意思。

泉州的这个猴子或许正是哈奴曼。人们喜爱哈奴曼的忠诚、智慧和勇气，这不仅是印度人推崇的品格，也是中国人所热爱的。一些中国的研究者喜欢把哈奴曼与孙悟空进行比较，甚至有人认为孙悟空形象源自哈奴曼。从时间看，哈奴曼确实比孙悟空的形象出现得早。它们都是有"神通"的猴子，都有飞翔、变大缩小、变形的本领。但两者未必是谁源自谁的关系，

印度教门框石猴子造像 元代　　印度教门框石欢迎人物造像 元代（泉州海外交通史博物馆藏）

而是中印两国人民分别创造出的相似传说。同样作为文明古国，中印文化自然有相通之处，中印之间在一些思想、词汇或造像上相似相融、相互借鉴。今天，印度人对猴神哈奴曼依然充满喜爱，印度各地遍布哈奴曼寺庙。他们还在电影中演绎着"猴神大叔"的故事，可见哈奴曼及其精神在印度人民心中的生命力有多旺盛。

　　泉州发现的多根印度教十六角柱中，有两根位于开元寺大雄宝殿后廊，

南印度寺庙里的猴子造像

印度教建筑构件石柱 元代（泉州海外交通史博物馆藏）

印度教建筑构件柱头 元代（泉州海外交通史博物馆藏）

还有两根位于泉州天后宫。石柱上除了印度神话造像外，还有中国传统雕饰"爵禄封侯""双狮戏球""双凤朝阳"图案，以及海棠、菊花等中国花卉。泉州开元寺大雄宝殿前月台束腰处嵌砌的73方狮身人面浮雕，也是来自元代印度教寺庙的遗存。印度教石刻在朝代更替时被毁坏和填埋为城墙的一部分，它们有石柱、柱头、柱础、

开元寺大雄宝殿前的印度教狮身人面浮雕

底座、石垛、雀替、装饰石等不同类型的建筑构件。这是中印多种文化风格融汇后的产物。

(段燕飞)

阿拉伯人、波斯人定居泉州

来往的阿拉伯人、波斯人多了，自然就有人"乐不思家"，开始在这里生活、学汉字、娶妻。很多富人还购地建花园，他们还拥有自己的寺庙和墓地。

  现在，越来越多的外国人来到中国生活、学习、工作。但是，你知道宋元时代也有许多阿拉伯人、波斯人来到中国泉州，并在这里定居吗？是不是很有趣？他们为何不惧漫长凶险的海洋，选择中国东南方的这座城市呢？根据马可·波罗的描述，元代如果有一艘装满胡椒的船运往世界上的其他港口，那么一定有百余艘装满胡椒的船运往中国泉州。想想看，元代的中国多么繁华，她"吸收"了全世界产的大部分胡椒。正因有利可图，历史上才有许多阿拉伯人、波斯人到中国泉州寻找致富机会，泉州成为他们贸易网上的一个重要目的地。来往的阿拉伯人、波斯人多了，自然就有人"乐不思家"，开始在这里生活、学汉字、娶妻。很多富人还购地建花

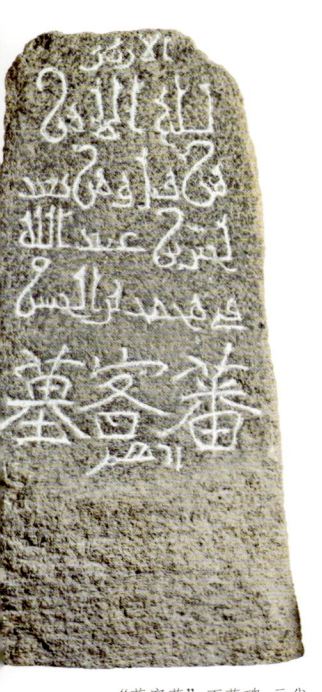

"蕃客墓"石墓碑 元代

园，他们还拥有自己的寺庙和墓地。今天，泉州海外交通史博物馆里还藏有好几百方阿拉伯人、波斯人的墓碑石刻和建筑构件。当时的泉州该是一个多么令人向往且热血沸腾的地方呀！

外国人学汉字

泉州的阿拉伯人、波斯人来自不同的国家，如也门、埃及、摩洛哥等。他们在泉州有的当朝为官，有的身为贵族，有的是宗教领袖，有的是法官，有的是商人，有的是旅行家，有的是僧侣等；还有的接受过良好的汉文教育，有的其母亲是中国人。从他们留在泉州的碑刻上，能看到纯粹的阿拉伯文、波斯文，有的也兼具中文和阿拉伯文。从写有中文的碑刻上，我们能看到这些外来客人的成长历史。有的中文写得歪歪扭扭，当是出自初学汉字的人；有的中文写得非常工整，并且已使用地道的中文表述方式；甚至还有人起了中文名字。阿拉伯人、波斯人不断融入中国，成为这片土地的居民之一。

有一块元代碑刻反映了外国人初入中国时学习汉字的心理，它就是 1965 年发现于泉州东门外东岳山李公祠东南面的"蕃客墓"石墓碑。此碑长 62 厘米，宽 16 厘米，

中文面　　　　　　　　　　　　　外文面

伊斯兰教奈纳·穆罕默德石墓碑　元代（复制件）（泉州海外交通史博物馆藏）

高 139 厘米，其造型简单朴实，碑主人叫拉金·本·欧贝德拉。有趣的是，上面写了三个大大的不太规整的汉字"蕃客墓"，而仅仅三个汉字却有三处错误。"蕃"字上面少了一撇，"客"字下面的"口"中多了一点，"墓"中间"曰"写成了"田"。碑上的字显然出自初学汉字的阿拉伯人之手！而"蕃客（番客）"是古时对外国人的称呼，他们也这样自称，很有一番"独在异乡为异客"的思愁滋味。

还有一块 1940 年发现于泉州涂门街外津头埔乡的奈纳·穆罕默德石墓碑，代表的则是已逐渐融入中国的阿拉伯人后裔的心理。这块碑刻长 35.5 厘米，宽 9.2 厘米，高 57 厘米，一面刻着阿拉伯文，另一面刻着地道流利的中文，上面写着"孤子吴应斗泣血谨志"。宋元时，不少番客迷恋这块东方乐土，索性定居下来，娶刺桐的女子为妻。他们从南边海上航行而来，被称为"南番"，他们出生于泉州的后代被称为"土生番客"或"半南番"。吴应斗当是标准的"土生番客"，其名字已完全汉化。不同于伊斯兰教徒不重视出生时间和年龄的计算与记载，这方碑的碑文详细记载了死者的生年与年龄，可见吴应斗家族深受中国传统习俗的影响。

中外通婚

时间久了，泉州的跨国青年们出于各种原因，难免会与当地人互有姻缘，这里上演了一场场爱情、婚姻"大戏"。宋代官家对本地人、宗室子女与番商之间的婚嫁后来有了明确的规定。阿拉伯人、波斯人后裔如果想

中文面 　　　　　　　　　　　外文面

伊斯兰教艾哈玛德石墓碑 元代（复制件）（泉州海外交通史博物馆藏）

娶宗室女子，必须在此地生活够三代，而且其中一代必须担任过官职。比如官家为了鼓励贸易曾赐予番商"承信郎"之名。元代的番商若想纳妾的话，可以请旅馆主人为其买婢。不过，按当时的规定，婢不能与番商结婚。如果番商想与当地人结婚，必须找良家妇女。总之，这里出现了阿拉伯人、波斯人与当地人融合的现象，他们中的很多人已经获得了正式公民身份。

1956年发现于泉州通淮门津头埔池畔的艾哈玛德石墓碑便是一个重要例证。该碑长35.8厘米，宽7.8厘米，高54厘米，上面写了一句波斯文"艾哈玛德·本·和加·哈吉姆·艾勒德死于艾哈玛德家族母亲的城市——刺桐城"。阿拉伯人、波斯人的名字很长，由本名、父名、祖父名构成，有些还要加祖辈名、族名、故乡名、部落名、职业名等。碑刻背面还写着中文："先君生于壬辰六月二十三日申时，享年三十岁。于至治辛酉九月二十五日卒，遂葬于此。嵗至治二年岁次壬戌七月囗日，男阿含抹谨志。"碑文上的"和加"指有学问的人，如宗教长者或富商。我们因此可以推断出，这个家族身份比较尊贵，家里拥有宗教长者或富商身份的人，迎娶过当地女子。他们家的子女应该从小便接受良好的汉文教育。从石碑上精准的汉字叙述便可知其家族融入中国文化之深。

艾哈玛德死于"家族母亲的城市——刺桐城"，由此推断，他应是波斯与中国的混血儿。这块碑刻的另一重要意义是，它证明了刺桐就是泉州。当初，阿拉伯人、波斯人叫着叫着便使泉州"刺桐"享誉世界。不过，因为刺桐的发音在阿拉伯语、波斯语中与油橄榄的发音较近，不明白真相的阿拉伯人、波斯人便慢慢将其理解成了油橄榄。摩洛哥旅行家伊本·白图泰元代来到泉州时也因此误解了"刺桐"的本意。这给后来的学界带来一些困扰，好在艾哈玛德墓碑解答了这个困惑。这个家族的情况仅仅是历史的冰山一角，还有千千万万的阿拉伯人、波斯人与这里的人们融为一体，渐渐成为彼此生活的一部分。

外国人在中国当官

如果今天有外国人在中国当官，那一定是一件奇事，但在元代却并不稀奇。因为元代皇帝为了便于统治，在征战的过程中重用了很多阿拉伯人、波斯人。据《元史》记载，在地方官的任命中，元朝廷规定"以蒙古人充各路达鲁花赤，汉人充总管，回回人充同知，永为定制"。色目人的后代还有荫叙的权利，如《元史》中的规定"正一品子为正五，从五品子为从九，中间正从以是为差，蒙古、色目人特优一级"。色目人担任着许多重要官职，也有在泉州为官的阿拉伯人，如至正九年（1349）任泉州达鲁花赤的偰玉立等。

元代，泉州永春县曾有一位外国人掌管着一方水土。在泉州海外交通史博物馆有一块石碑，其长42.5厘米，宽8.5厘米，高44厘米，上面写着阿拉伯文"尊贵的长官""艾密尔"，还有中文"奉训大夫永春县达鲁（花赤）"。这说明一个叫艾密尔的阿拉伯人，曾担任永春县达鲁花赤的官职。达鲁花赤是元朝地方各级的最高长官，掌握着行政和军事实权。奉

中文面　　　　　　　　　　　　　　　外文面

伊斯兰教永春达鲁花赤石墓碑 元代（泉州海外交通史博物馆藏）

伊斯兰教"潘总领"石墓顶 元代（泉州海外交通史博物馆藏）

训大夫，即从五品的文职官员，是一种官级划分。这位官员应该是专管文职的官员。艾密尔要管理的事情应该包含户籍、征税、水利、治安、诉讼、刑罚、人文等。

宋元时代的阿拉伯人碑刻上，还出现了一位在泉州当官的"潘总领"。这块碑石长68厘米，宽18厘米，高36厘米，呈官帽形状，上面内容一如往常，除了常规的阿拉伯文信仰文字外，碑下部两侧还刻有汉字"潘总领四月初一日身亡"。汉字笔法谈不上优美。字意都好理解，但"潘总领"

是什么意思？这不是一个完整的人名，而是一个姓与官职组合的称谓。目前，人们对此有四种看法：第一种认为这是南宋官员，"为军事需要而设置，专管钱、粮、税收"；第二种认为总领是元朝路、府、州、县监狱里的一名小官，这是《元典章》中对"总领"的记载；第三种认为"潘"是"蕃（番）"的误写，或者是阿拉伯人由"蕃（番）"引申来的姓氏，潘总领指的是番客总领，是当时番坊的番长；第四种认为"潘"与"蒲"的阿拉伯文发音相同，这位碑的主人可能是蒲氏家族成员。

传续与遗产

阿拉伯人、波斯人及其后裔的故事明清时期依然在泉州延续。传承至今，他们的姓已是中国百家姓中的一员，如夏、蒲、丁、郭、黄、吴等。这些后裔分布在泉州各地，他们已是闽南人，有的在永春继续从事着制香产业。

今天，泉州陈埭镇还生活着丁氏家族，他们中许多人依然从事着贸易工作，并为中国的企业发展贡献力量。他们的先祖叫丁节斋（1251—1298），是在中国出生的阿拉伯人的后裔，在南宋咸淳年间（1265—1274）由姑苏一带来到贸易日盛的泉州，住在当时的外国人聚居区城南，经过勤心经营，家产积攒得还算丰厚。到第三代时，家族迁到了距离泉州城大概10公里外的陈江，即唐五代陈洪进围海筑埭的陈埭。后来，他们在此开基拓野、修筑坡道以营造海田，还建造了自己的宗祠，逐渐融入儒文化圈。

清丁氏祖先生活画

明代，丁氏给自己起的族号叫"聚书"，他们是"聚书衍派"，并将自己的宗源附会到了宋代藏书家丁顗的身上。据说，丁顗倾其家产买了8000卷书。陈埭丁氏也确实在明清时仕宦文人辈出，这是否与宗族先人编制的愿望有关呢？清代，丁氏族人丁拱辰还编著《演炮图说》《演炮图说后编》等著作，为保卫祖国做出了贡献。

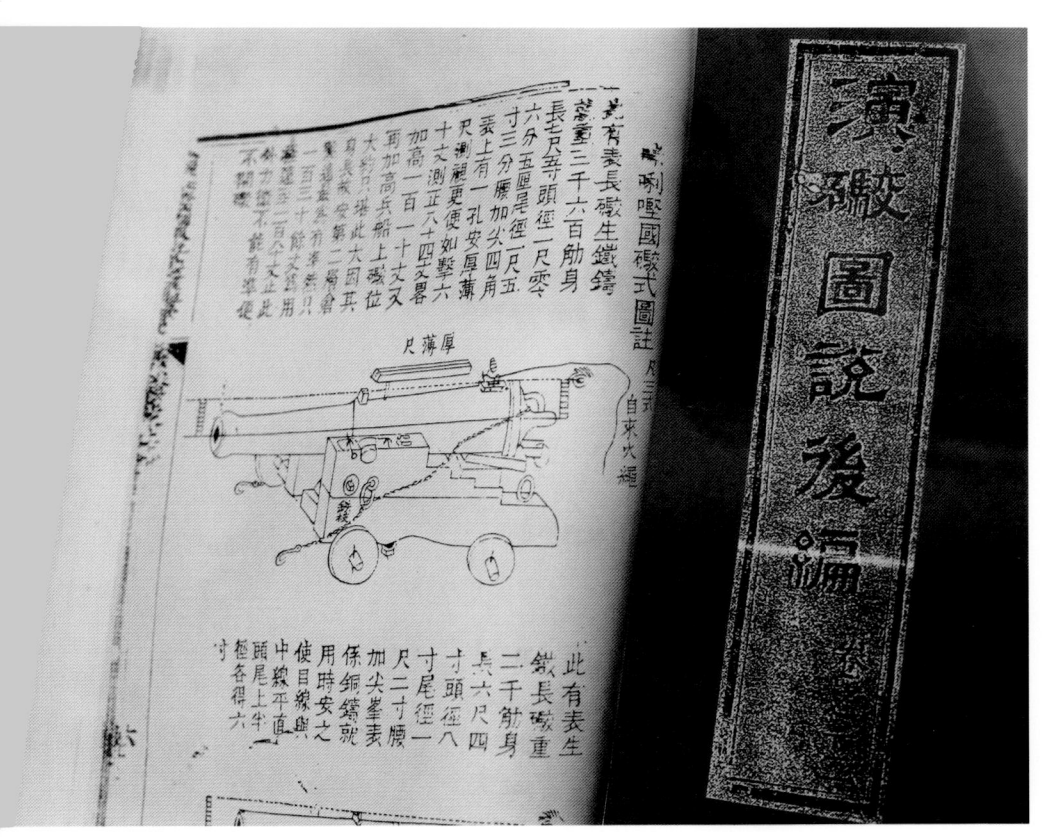

丁拱辰《演炮图说后编》

泉州另一波斯人的后裔宗族郭氏，在发展过程中也附会中国名人，在族谱中将汾阳王郭子仪作为家族的始祖。郭氏始祖名为伊本·库斯·德广贡，即郭德广，元朝时由杭州来到泉州，据记载，德广贡在泉州遇到了兵戈之事，没办法回去，便在此迎娶吴氏，定居在泉州法石。泉州海外交通史博物馆便有一块郭氏世祖坟茔石墓碑。该碑长94厘米，宽15.5厘米，高136厘米，

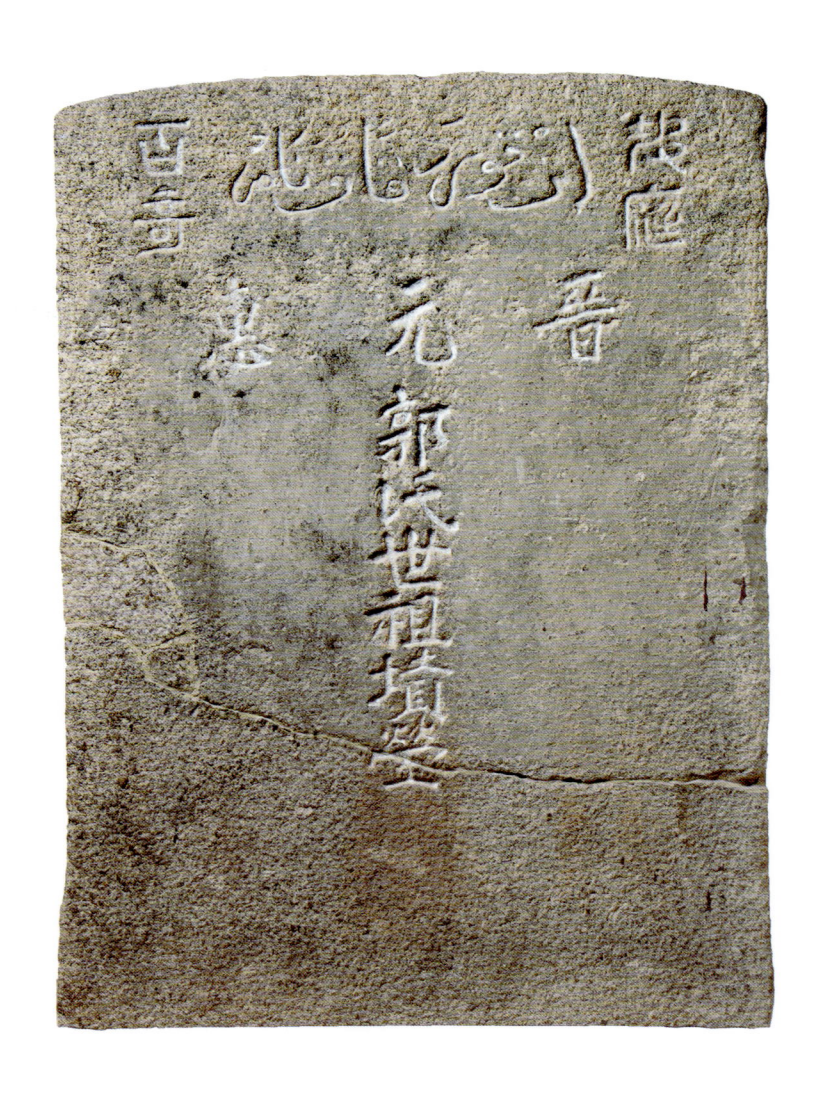

伊斯兰教郭氏世祖坟茔石墓碑 元代（泉州海外交通史博物馆藏）

碑上外文意思为"元郭氏德广之墓"。后来，他们搬迁到泉州惠安县百崎，在这里安家、开枝散叶。从此，他们不断与泉州习俗融合，成为今天泉州的重要家庭成员。

　　阿拉伯人、波斯人宋元时来此贸易，有的留居中国延续至今，为泉州这座城市留下了许多遗产。我们依然能看到始建于宋代的阿拉伯风格建筑清净寺，它用当地石材建造，外观苍翠厚重，当夹杂在泉州的红色古厝群中时，是不是特别富有异域情调？还有伴随阿拉伯人、波斯人而来，早已融入我们生活的茉莉花、素馨花、水仙及香料药物等。回眸一看，已是近千年，宋元的阿拉伯人、波斯人不见了，他们变成了中国的人民，并继续迎接着新的外国人。

（段燕飞）

世界仅存的摩尼教创始人石雕像

佛家借摩尼寺庙名气延续自己的香火，摩尼光佛则借助佛家保护得以留存。这是闽南信众包容的产物，也是中国海洋城市泉州为我们留存的遗产。

金庸笔下《倚天屠龙记》中明教教主张无忌的故事深入人心。2004 年，金庸到访泉州的晋江草庵摩尼教寺遗址，他很开心这座寺庙证明自己所写的明教并非杜撰，并为此寺题词"熊熊尊火，光明之神"。1979 年，草庵发现一批黑釉碗，更印证了明教的存在。这些碗发现于草庵寺前 20 米处，其中一件完整的碗上刻着"明教会"三个字，另外的 60 多块碗残片中，有 13 块残片上零散可见"明""教""会"字样。后来，人们还在磁灶相关窑址发现写有"明"字残片的遗存，与草庵发现瓷片的釉色、字体等都一样。由此推断，草庵"明教会"黑釉瓷碗应是宋代磁灶窑批量烧制的瓷器，而草

晋江草庵摩尼教寺

刻有"明教会"三字的黑釉碗 宋代（晋江博物馆藏）

庵很可能是宋代泉州明教会活动的重要地点，且人数应达到了一定的规模。

摩尼教发源于萨珊波斯帝国（224—651）的首都泰西封，是波斯人摩尼创立的一种世界宗教。摩尼曾目睹波斯的帕提亚王朝与萨珊王朝交替，百姓们遭受分离和战乱，久久无法从苦难中解脱，他因此创立摩尼教，以慰藉苍生。

摩尼教并不是一个专制独一的宗教，它非常擅长利用各种宗教与文化元素。换句话说，它每传播到一个地方都能够放下成见，利用当地的语言、文化和宗教来宣传自己。这种超前意识是非常特殊的。摩尼教的相关遗存

摩尼光佛造像（泉州海外交通史博物馆展示）

资料在世界各地都有发现。摩尼教唐时传入中国，晚唐遭禁后，呼禄法师"游方泉郡"，在泉州晋江等偏远的地方传播。宋时，摩尼教华化，改名为明教，与中国的"释老之学"渐渐合流。后来，泉州出现了摩尼教的"草堂庵"。元代，改为石室，但还称为草庵，这时还在石壁上雕刻了摩尼神像。这就是今天世界仅存的摩尼教创始人石雕像。20世纪80年代，在瑞典召开了第一届国际摩尼教学术研讨会，所使用的会徽正是泉州的这尊石像。

仔细看这尊泉州摩尼造像，他长发披肩，面相红润，神态安详，身着对襟宽袖道袍，趺坐于莲座上，背后有十八道波状的光芒。他看上去很像

摩尼教"大力"残碑 元代（泉州海外交通史博物馆藏）

佛，但却是长发双辫，穿的不是袈裟，而是道袍，也没有佛造像的圆形光晕或火焰状佛光。学者们简称其为"道貌佛身"。他没有一丝波斯人的样貌，可见已被完全中国化。

明朝时，人们在该寺庙一侧的石壁上刻下了摩尼教偈语"清净光明，大力智慧，无上至真，摩尼光佛"，是不是听上去已非常熟悉。他们也自称"佛"。该摩尼教偈语在福建地区多有发现，有学者称其为"福建明教石刻十六字偈"。泉州海外交通史博物馆还藏有一件元代的摩尼教"大力"残碑，该碑长93厘米，宽11.5厘米，高26厘米。

摩尼教后来几乎凋零，成为邻近村民间信仰的一部分。民国时，佛教徒还把零落的草庵当作佛教寺院。他们重新修复了草庵石室，主建筑为石砌歇山式屋顶，顶部为中间高、两边低的三川脊，脊端燕尾高翘，与闽南典型的小寺庙建筑无异。著名的弘一法师还在这里住了一段时间，留下了

草庵摩尼教寺遗址的摩崖石刻

一副冠头楹联："草藓不除，便觉眼前生意满；庵门常掩，勿忘世上苦人多。"佛家借摩尼寺庙名气延续自己的香火，摩尼光佛则借助佛家保护得以留存。这是闽南信众包容的产物，也是中国海洋城市泉州为我们留存的遗产。今天，晋江草庵作为泉州的遗产点之一被列入《世界文化遗产名录》，因此而得到了更好的保护和传承。总之，泉州多元包容的性格为这种来自波斯的文化提供了一份难得的庇护。

（段燕飞）

牵系大海的泉州福船

它尖头尖底，龙骨粗大，利于破浪，吃水深且稳定性好。这种形状使它比较容易转舵改变航向，便于其在汪洋大海上前行。这正是福船的特点。

  2010年，中国福建的水密隔舱福船制造技艺被联合国教科文组织列入《急需保护的非物质文化遗产名录》。福建泉州的一些造船家族虽然已经传承了很多很多代，但年轻一些的后辈并没有再学习这门手艺。时过境迁，木板船被机械制造的动力船舶所取代，这是历史发展的必然。但古代福建所造海船却是中国的一大航海利器，泉州的造船历史也非常悠久。今天，福船制造技艺已成为一项被保护的稀缺文化遗产。

  北宋地理志书《太平寰宇记》卷一○二在写到泉州风俗时说："泉郎，即州之夷户，亦曰游艇子，即卢循之余……贞观十年，始输半课，其居止常在船上，兼结庐海畔，随时移徙，不常厥所。船头尾尖高，当中平阔，

福船模型（泉州海外交通史博物馆展示）

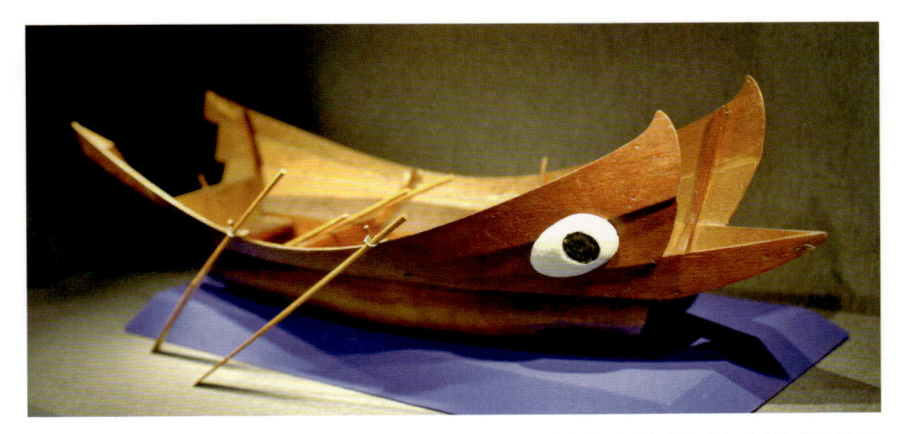

了鸟船模型（泉州海外交通史博物馆展示）

冲波逆浪，都无畏惧，名曰了鸟船。"了鸟船是闽越水上居民常用的船型，船头尾尖尖的、向上翘，便于破浪前行，船中又很平阔，这是福船的前身。徐兢《宣和奉使高丽图经》中这样描写福船样式："其制，皆以全木巨枋攙迭而成，上平如衡，下侧如刃，贵其可以破浪而行也。"可见，福船的样子与了鸟船确实十分相似，都是典型的尖底船，船中宽阔，航海平稳。福船在宋代时已是技术优良的航海神器。北宋吕颐浩在《论舟楫之利》的奏折中说："南方木性与水相宜，故海舟以福建船为上，广东、西船次之，温、明州船又次之。北方之木与水不相宜，海水咸苦，能害木性，故舟船入海不能耐久，又不能御风涛，往往有覆溺之患。"

延续至清末时，距宋代已过去近千年，新的航海技术早已迭代，英国人尝试将一艘具有福船基因的海船改造成"耆英号"进行环球航行。这从另一个侧面证明福船是古代远洋航行的优秀船型。近代，美国人 I.A. 唐涅利在《中国木帆船》中说泉州商船"无论是其结构还是装潢，都是中

泉州宋船残体

国沿海首屈一指的"，"看泉州商船逆风调戗行驶时，那情境真能叫海员心往神追"。泉州造福船对世界的航海贸易有着不小的贡献，这是一个值得被传写的船型。泉州福船牵系着大海的这端与大海的那端。从泉州考古发现的宋代海船残体中，我们能深入了解到这种船型的先进之处。

考古珍闻

　　考古发掘以及相关的学术探索，就好比是博物馆界的侦探查案记，只不过它的对象是文物，目的是还原历史真相。20世纪，在中国东南沿海的泉州便有过一场对后渚港出土古船的考古探案记。故事开始于1973年，一支厦门大学考古调查队在泉州后渚港淤泥滩偶然发现了一艘沉没的古船。1974年，经进一步考古研究，确定其为一艘残长24.4米，残宽9.15米的泉州宋船，倘若复原应该是一艘载重量可达200吨的三桅远洋海船。如此巨型的木质文物，在当时堪称"世界考古珍闻"，著名科技史学家李约瑟博士也称"古船是中国自然科学史上最重要的发现之一"。

　　兴奋之余，许多"悬案"也在等着人们揭开：这艘船姓甚名谁，生于哪里，去过哪里，载何物为生……泉州宋船采取"拆解船板，化整为零运输"的出土方式，"趁船板水性未完全消失之时，拆解运入市区后立即安装复原，然后采用阴干手段脱水"。船体先被拆解成小件，运至开元寺内选好的地址再重新拼装。1979年，在该址建成的泉州湾古船陈列馆（属泉州海外交通史博物馆分馆之一）正式对外开放。先看这艘船的长相，因

开元寺内的泉州湾古船陈列馆

为年久日深,船甲板以上已经无迹可寻。尽管如此,残留的下半部分船舱的外部曲线与轮廓依然优美飘逸,它尖头尖底,龙骨粗大,利于破浪,吃水深且稳定性好。这种形状使它比较容易转舵改变航向,便于其在汪洋大海上前行。这正是福船的特点。

保寿孔:泉州造海船的专有标记

学者在探查这艘古船的线索时,还遇到了更令人惊异的事情。与主龙骨连接的是舭柱和尾龙骨,在主龙骨的衔接面里,竟然挖凿着泉州船独有

泉州宋船主龙骨衔接处的"七星伴月"式保寿孔

的"保寿孔"。保寿孔为"七星伴月"造型,上有七小圆孔放铜钱或铁钱,下有一大孔放铜镜,这是一种闽南习俗,寓意吉祥。与古船龙骨相连的船壳板和十二道隔舱板之间还有肋骨固定。这样,船的横向、纵向的稳定性才会更加牢固。十二道隔舱板还将船分成十三个船舱,既便于分类储存货物,又使船在触礁后不至于沉没,封堵住破损的舱位依然能航行。这就是当时世界上领先的水密隔舱技术。

古船的船壳板由二三层的木板叠加,它以实物的形式印证了《马可·波罗游记》中的记载。泉州古船一般在航行一年时,若需修理就再覆盖一层

泉州宋船水密隔舱结构

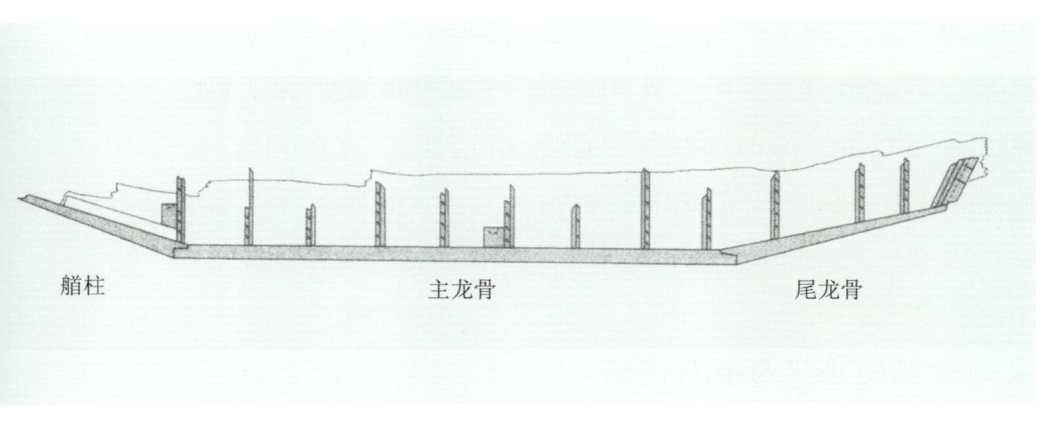

泉州宋船龙骨示意图

泉州宋船出土木灰刮板（泉州海外交通史博物馆藏）

木板，一直叠加到六层木板便不再使用。这为学者解答了一个疑问：之所以用一块块木板拼合船板，是因为这样既能解决船面的曲度问题，又可增加船板的坚固性，十分便于远洋贸易。但此时学者又有了一个新的疑惑，如此多的木板结合时总会留下缝隙，这些缝隙如何处理才能密不透水。如果无实物证据，那么学者在史料中哪怕找到再多再好的记载，也仍然是一种猜测。好在随船出土物中有一件形如扫把、下部扁薄的木灰刮板，刚发现时上面还有些油灰残迹。它长 40.5 厘米，宽 9.2 厘米，厚 1.3 厘米，是用来搅拌和涂抹桐油灰以堵塞船板缝隙的工具。福船是用榫接、钉连等方式组装起来的，因此木灰刮板虽小，却是大型古船航海的必备品之一。

泉州古船的年代与航行海域

将目前已知的线索汇总起来，我们可以推断这是一艘泉州造的用于远

泉州宋船出土货贝

泉州宋船出土水晶凤螺

泉州宋船出土芋螺

（泉州海外交通史博物馆藏）

洋贸易的福船。但我们对它出生、生活于哪个年代依然不知晓。幸运的是，细致入微的学者在古船上发现的铜钱中找到了线索。这些钱币有33枚唐钱、358枚北宋钱和71枚南宋钱。其中，年代最晚的两枚钱币是"咸淳元宝"，其中一枚背面为"五"字，另一枚为"七"字。咸淳是宋度宗赵禥的年号。通过背面的"七"字，我们推测这艘海船的沉没时间应在咸淳七年（1271）之后，这艘船主要活跃于南宋时期。

这艘古船的秘密不断被揭开，之后，海洋生物学者又公布了一条线索。古船出土时，船上有2000多个货贝、水晶凤螺、芋螺等，其中分布于中国、越南、泰国、菲律宾、新加坡、马来西亚和印度尼西亚的有11种，占总种数的73.3%，在船壳板上还附着穴居有各式船蛆。由此可以推断，这艘宋船经常在东南亚地区进行远洋贸易，最远到达过马来西亚、新加坡、印度尼西亚等海域。

福船、货物与海上生活

宋代从泉州往南的远洋贸易，出航时一般载运瓷器、铜铁器等贸易品，回航时则运输香料药物等。由此，学者们推断这艘船是从东南亚回航时沉没的，原因是出土时古船上竟有4700多斤未脱水的香料，其中有沉香、降真香、檀香、胡椒、槟榔、乳香、龙涎香等。学者又经过求证，发现乳香产自非洲索马里，降真香则原产于印度。香料是古代中国商船运载的重要贸易品，因此，"海上丝绸之路"也被称为"香料之路"。这些线索为我们再现了宋代中国泉州的一部分贸易网络。

随船物品带来的线索还有许多。其中象棋子、小口瓶与纸质残片为我们展现了一部分船员生活的信息。船行海上时，船员可能为了打发无聊的时光，一些人携带或自制了象棋，躲在船舱内用一个棋盘"指点天下"。这些象棋子直径2.7～4.1厘米，厚1厘米多，现收藏于泉州海外交通史博物馆。船上发现的一些口小身长的瓶子，据推测是用来装酒的。还有的人可能靠读书打发漫长的海上时光，因为船上发掘了"且了浮生一载"的

泉州宋船出土象棋子（泉州海外交通史博物馆藏）

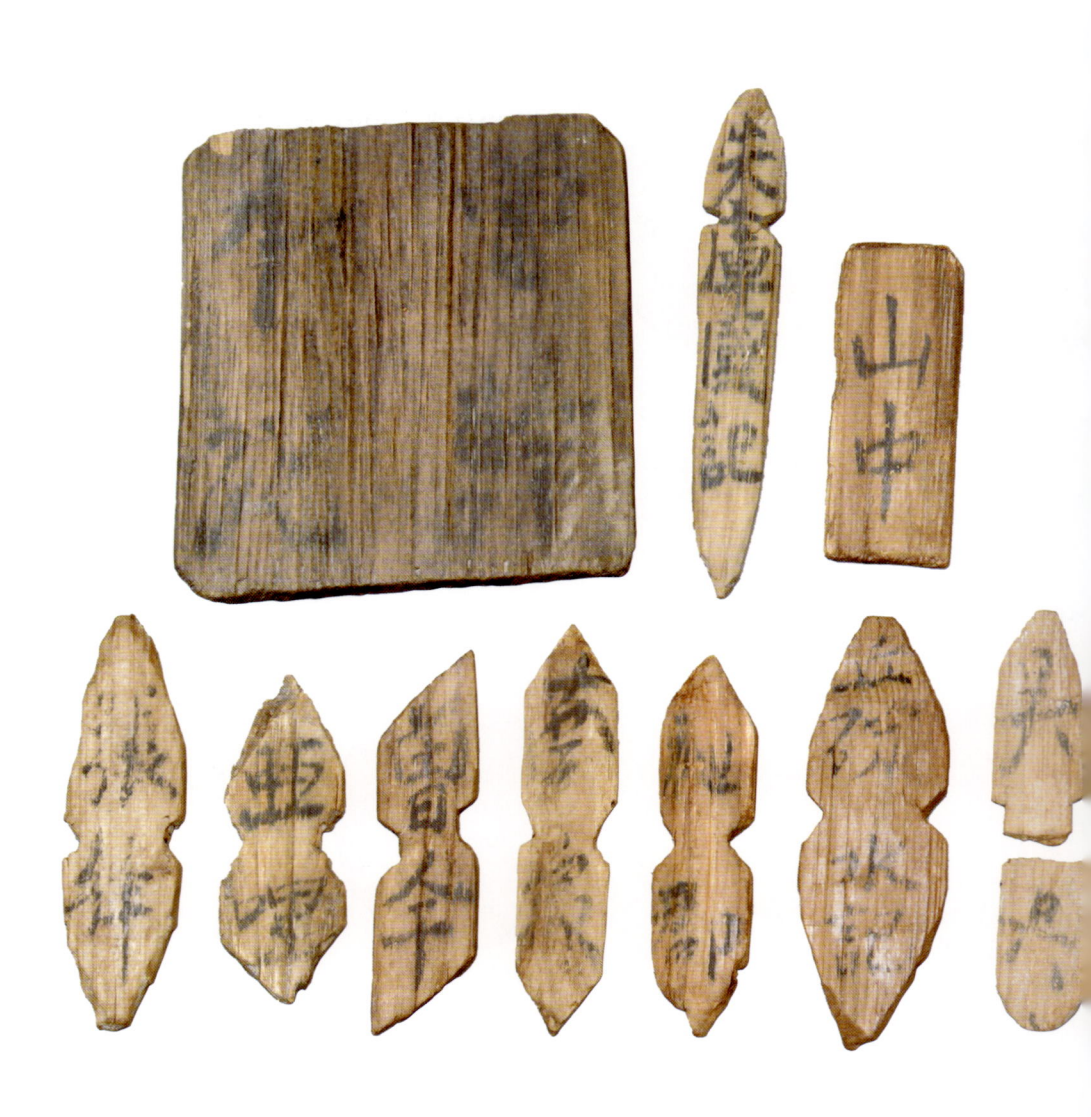

泉州宋船出土货牌签（泉州海外交通史博物馆藏）

纸质残片。更有趣的是，这艘船上还发现了军持，它是穆斯林盛水净手做礼拜用的。与此同时，在用来标记船舱中货物的随船物品货牌签里还发现"哑哩"的名字，据推测就是我们今天称呼的"阿里"，跟随这艘船进行贸易的是否也有阿拉伯人呢？宋代的泉州可是有不少的外国人。

众多线索汇总在一起，一张更为清晰的宋代海上丝绸之路贸易繁盛图逐渐呈现。古船的水密隔舱、多重木板结构等技术都代表着中国古代领先世界的造船与航海技艺。它的发掘为研究古代航海、造船技艺、商贸等提供了非常宝贵的资料，对史学界、考古界、科技界来说堪称无价财富。

（段燕飞）

如何打造一艘福船

传统造船工序中，竖龙骨可是件大事，就如同建造房子上梁一样重要，按当地风俗，要举行隆重的庆典仪式，谓之「起工」，船主也要给造船师傅准备好红包。

泉州湾宋代海船与船舱内发现的香料、货牌签、陶瓷器、象棋子等随船物品，为我们重现了几百年前宋船航行的商贸历史与生活图景。它所展现的龙骨、多重板叠搭、水密隔舱等船体结构，也使我们得以窥探宋代商船修造的技术、秘密。关于传统木帆船，泉州地方至今仍保留着一套完整的建造流程。

原料

一般情况下，造船师傅会在修造船只之前，根据所造船只的用途以及载重量来备料，而其中最为重要的就是各种合适木料的选用。就泉州地区

传统木帆船模型（泉州海外交通史博物馆展示）

造船木料选择来看，主要有松木、杉木、樟木、柯木、黄楮木、相思木及其他坚韧的杂木。

"水浸千年松，搁起万年杉"是广泛流传于木工师傅间的一句俗语，意思是说浸在水中的松木和在干燥环境中的杉木，它们的使用寿命都很长，所以龙骨一般选用尚未出脂的松木，连接在主龙骨前端的艏柱、桅座、舵座则用樟木制成，而舷板、舵叶等则由坚韧轻盈的杉木制成。

工具

泉州地方常见的造船工具包括：斧头、锄斧、锤子、刨刀、凿子、二尺、软尺、锯子、锯锉、钻子、旋钻、灰凿、打凿、挖凿、竹灰匙、锉子、刷子、钉送、墨斗等。随着传统木帆船的没落，现在整套的造船工具也已变得不太常见。

锄斧

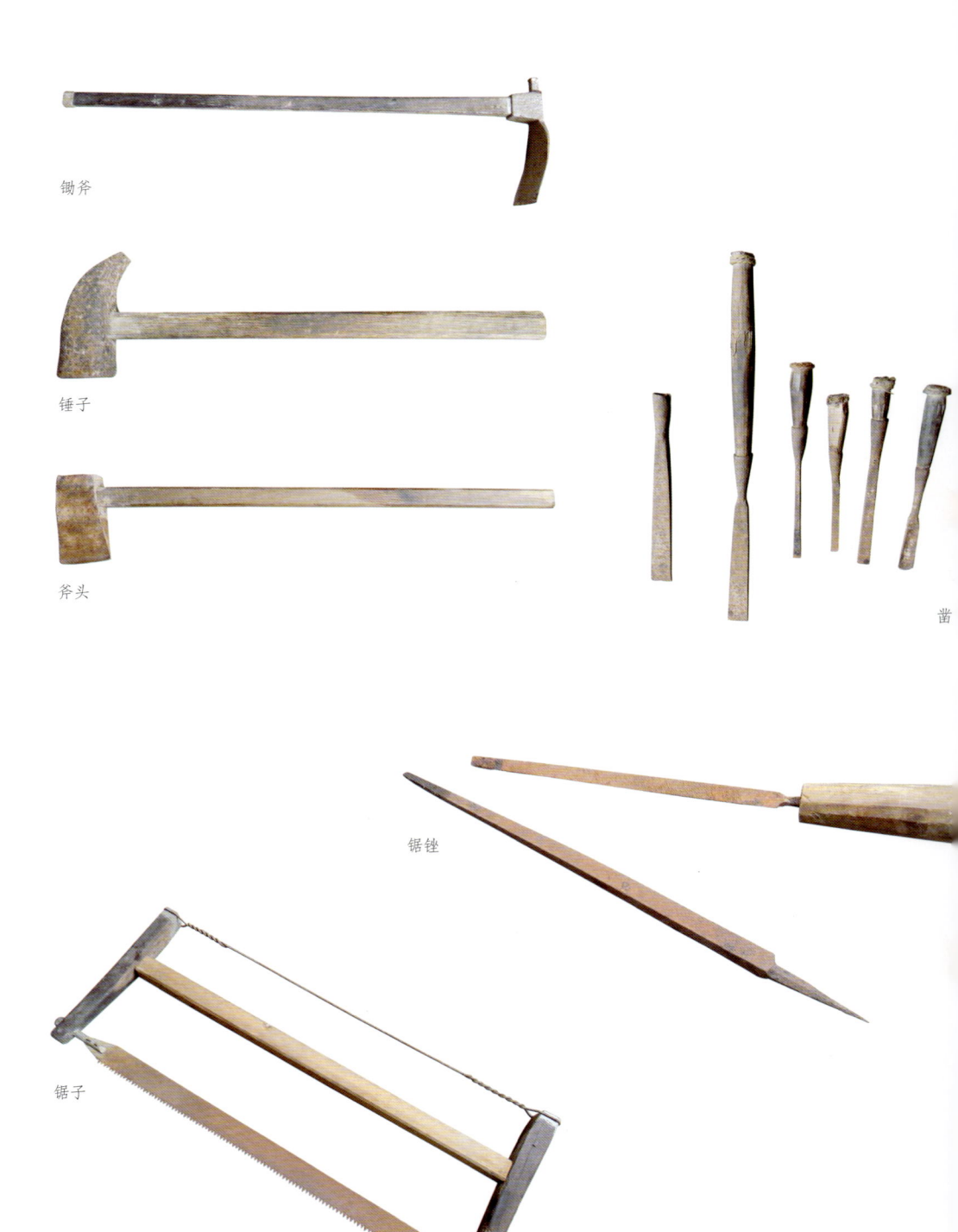

锤子

斧头

凿

锯锉

锯子

旋钻

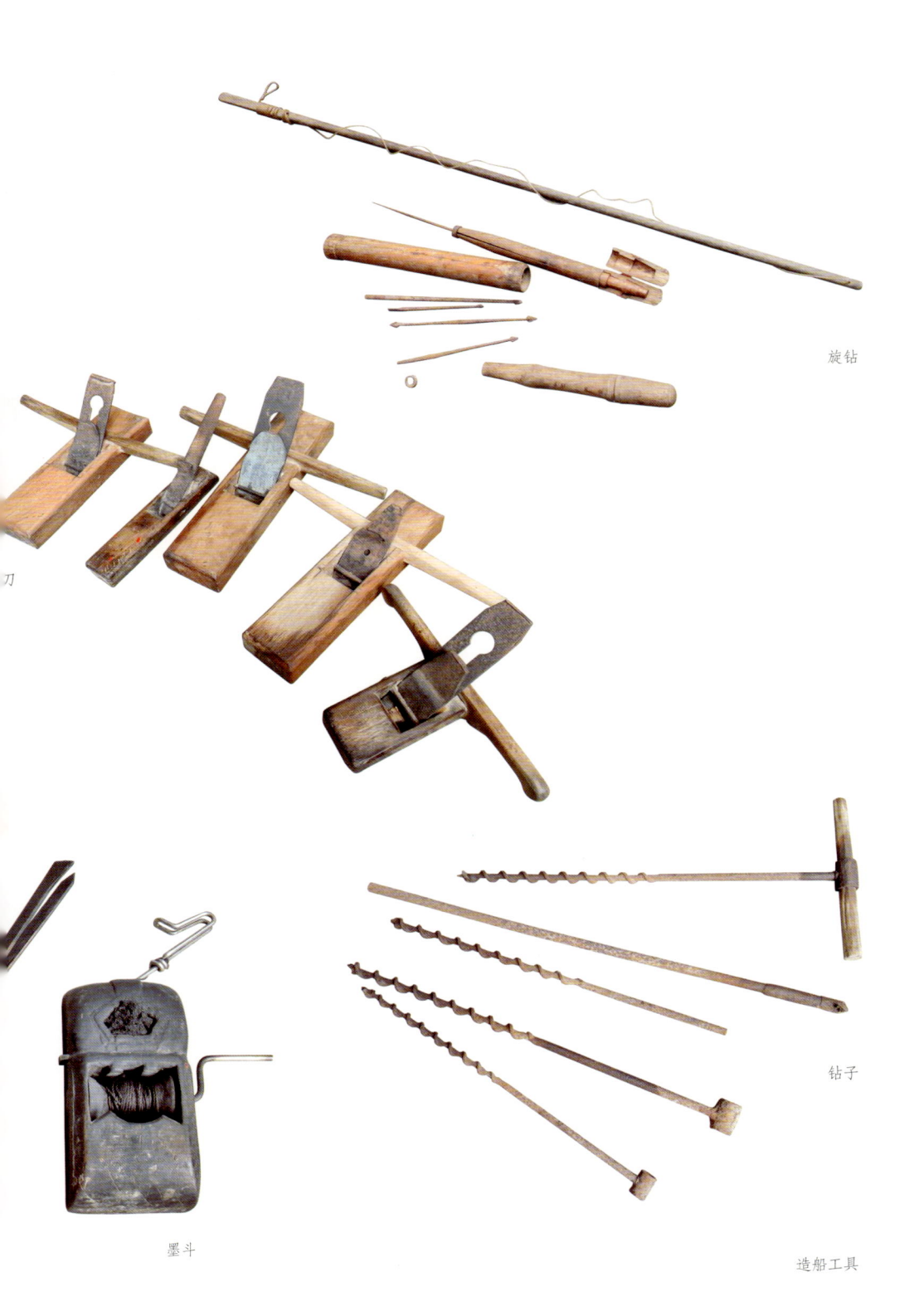

刀

钻子

墨斗

造船工具

工序

竖龙骨

　　传统造船工序中，竖龙骨可是件大事，就如同建造房子上梁一样重要，按当地风俗，要举行隆重的庆典仪式，谓之"起工"，船主也要给造船师傅准备好红包。加工好的龙骨被端正牢固地安置在地面上后，要在龙骨木料前部缚一棕片，尾部扎一红布，俗称"头棕尾红"，寓意从头到尾都能红艳吉利。

　　到了事先择定的吉日良辰，船主要置办三牲、果盒、酒醴等供品，并

竖龙骨

举行礼祀、焚香、烧金、鸣炮等一系列仪式。请造船师主祭,并将镜子、铜钱、五谷之类的吉祥物放进龙骨的接合处。主祭人还要抛撒五谷与铜钱,手拿芙蓉枝蘸水挥洒,大声呼叫:"天下龙门天门开,鲁班先生降下来。"在这一过程中,不准有人跨过龙骨,更不能说不吉利的话。

安隔舱板

龙骨竖好后,接下来的工序就是装配事先加工好的隔舱板。船工按照掌线师傅定下的尺寸,根据船板弯曲的需要确定间隔距离,然后装上一支支弯曲的木条,钉上船尾板、船头板和船壳板,还要装配上一条条肋骨。

加工隔舱板

安装肋骨与隔舱板

安装船壳板和甲板

这样一来，就组成了一个坚固的船体结构。

上船艚

船壳板钉制完成后，还要在船体两侧舷板外再钉上数道船艚，以增强船体的稳定性及坚固程度，船艚一般是用一棵杉木对开锯成两半使用，每边船舷平行排列一至五道不等。

安龙目

在船体完成后，用扁木雕出椭圆形的"龙目"，即船眼睛，将其安在船首舷墙外侧。装钉时，要在龙目周围套上五彩小布条，钉上三根特制的洁净的铁钉，也叫"圣钉"，且须一次钉成，意使"龙目光彩"。一般商船的船眼睛朝前，可观远方船只，明察海域；渔船的船眼睛朝下，可探明鱼群，避开暗礁险滩。

钉头巾

钉头巾则是在船头挡浪板顶端钉上一块特制的木板，以防止船体间的相互碰撞，头巾上要套两块小红布，以示吉利兴旺。安龙目与钉头巾也都要选时择日，还需宴请造船师傅等人。

上涂装

在船体的各个部位，只要有夹缝的地方，都要用麻絮填塞，用桐油灰刮缝。还要用火先烧烤一下木船的表皮，再上一层蚝粉，以防海蛆。涂装的颜色及图案也因区域不同而有所差异，选用的颜色有红、绿、黑、白、蓝等。旧式木帆船船头正中，会绘制太阳、船碇、海浪等组合图案，而船尾两侧则各绘有一条泥鳅，据说有镇海和保护船只安全的寓意。

立桅杆

　　安船舵、装缆绳、立桅杆、挂船帆，这些帆船配件的安装在船体完成后也依次进行。其中立桅杆最为讲究技巧，一般先将桅杆搬运上船，放置到各自的桅夹处，然后由船工调配人力，借助缆绳、滑车等装置，拖曳桅杆并调好其角度，使其以自身重量坠入桅夹内后加以固定。

拔落令

　　新船造好后，就要择吉日下水了，同样要举行庆祝仪式。该仪式被称

福船建成

为"拔落令"。当日要准备丰盛的供品，同时鼓乐齐奏，鞭炮鸣放。吉时一到，船主用斧头斩断绑住新船的绳索，由船体两侧的青壮年"拔手"利用斜坡及滚木，将船一点点"拔"向岸边，推送入海。主人还要大摆宴席，招待亲朋好友和所有参加造船的工匠。新船下水后，张挂船帆，让它乘风破浪，去迎接海上的新历程。

  这些造船工艺一直延续到近代，随着西方造船工艺的传入与机帆船的改进，尤其是钢板船与玻璃钢船的推广，现在我们已经很难在泉州海边看到修造传统木帆船的实景了。

（林　瀚）

测深锤的大用途

船工牵引绳索,将铅锤投入水中,根据所用绳索长度及铅锤底部所粘取的海底沙泥质地,与山澳岛礁等陆标方位相印证,并参以相应的更数及针位,最终确定船只所处位置是否在正确航路上。

　　航海测深铅锤作为船只航行纠偏及寄碇停泊时的必要辅助用具,在古代航海过程中被广泛应用。是谓舟师"凡测水之时,必视其底,知是何等沙泥,所以知近山有港"。铅锤,作为我国古代一种十分重要的航海工具,在涉海文献及民间调查中时常被提及,因其自身属性而又常被称为铅钟、铅筒、铁锤、水掬、水锤、水砣等。就其材质而言,既有用石头做的,也有用铅、铁、锡、锌等金属制成的。

　　铅锤在航海中的使用,目前所见最早是在北宋庞元英《文昌杂录》卷三中的记载:"鸿胪陈大卿言:昔使高丽,行大海中,水深碧色,常以镴碇长绳沉水中为候,深及三十托已上,舟方可行。"

庞元英《文昌杂录》卷三（节选）

徐兢在《宣和奉使高丽图经》中也记载了铅锤的使用情况，"海行不畏深，惟惧浅搁，以舟底不平，若潮落，则倾覆不可救，故常以绳垂铅锤以试之。""舟人每以过沙尾为难，当数用铅锤，时其深浅，不可不谨也。"可见当时船工在航行中使用铅锤已相当熟练，故其发明使用的时间可能还会更早，惜今尚未得见宋代以前的实物。而就其在航海文献中的记录，则常常是以"打水托"的形式出现。

各种形状的铅锤

关于铅锤的形状、尺寸及样式,据文献所载,其形状有如秤锤模样的,也有如同钟的,尺寸在三四寸之间,底部有凹孔,用以粘取海底泥沙。《小琉球漫志》中记载:"铅筒以纯铅为之,形如秤锤,高约三四寸,底平,中刳孔,宽约四分,深如之,系以棕绳。投铅筒下海,底孔粘海泥;舵工觇泥色,即知其处,舟行自不错误。"《海南杂著》中记载:"凝眸谛觑,觉南北山势环抱,似可寄泊。投铅钟试之(铅钟以铅为之,系长绳数十丈以试水深浅),水深二、三丈,下皆细沙,遂下碇而安焉。"

形如秤锤的测深锤(泉州海外交通史博物馆藏)

"南澳Ⅰ号"出水测深铅锤　　　　宁波"小白礁Ⅰ号"出水测深铅锤

　　截至目前，我国水下考古所公布出来的铅锤有两件，一件是从明代的"南澳Ⅰ号"沉船出水，一件是从清代宁波"小白礁Ⅰ号"出水。"南澳Ⅰ号"沉船出水测深铅锤，高 8.8 厘米，底部径 5 厘米，顶部径 3 厘米。铅质，用于行船测量水深。上小下大，截面大致为椭圆，上部有一小圆孔，可以系绳。表面覆满锈蚀盐层。宁波"小白礁Ⅰ号"出水测深铅锤，底径 4 厘米，高 9.3 厘米，为铅锡合金。它呈圆锥状，上细下粗，顶端残，近顶端有一圆孔，用于穿绳。器表锈蚀，有贝类附着物。

崇武镇大岞村征集到的铅锤（泉州海外交通史博物馆藏）

  泉州海外交通史博物馆在崇武镇大岞村征集到两件铅锤文物，大的高17.5厘米，底部径5.5厘米，顶部径4厘米，顶部有一铁环，系以绳索，在铅锤的一边有侧翼，其作用是减少铅锤入水旋转的频率；小的高16.5厘米，最宽径6厘米，顶部径3.8厘米，近顶端有一圆形穿孔，用于系绳，锤身由绳箍住，防止胀裂，底尖。

铅锤"使用说明书"

  就铅锤的使用方式来说，是由船工牵引绳索，将铅锤投入水中，根据所用绳索长度及铅锤底部所粘取的海底沙泥质地，与山澳岛礁等陆标方位相印证，并参以相应的更数及针位，最终确定船只所处位置是否在正确航路上。据《台海使槎录》载："寄碇先用铅锤试水深浅；绳六、七十丈，绳尽犹不止底，则不敢寄。铅锤之末，涂以牛油；粘起沙泥，舵师辄能辨至某处。"舵工通过粘取上来的沙泥及贝壳对海底地质进行判断，从而知晓航海的位置以及估算出与目的地之间的距离。

一般操作水砣的是船长，称"打水砣"。据崇武老船工介绍："熟练的船工在铅锤不涂抹牛油或蜡油的情况下，还能根据放下铅锤着陆时的手感，感觉海底是硬的还是软的，底质是硬沙地就带不起来，底质软的水锤就不易拔起来，水锤下还钻有一个小洞可以将沙泥带上来。以前走船主要是沿着海岸走，由于没有其他先进的仪器，起雾的天气如果船要靠岸，就得依靠水锤，靠近沿海时，岸边水底的土地一般较硬，如果观察到土质是硬的，就说明快到岸边了。"

"水砣穿裤"是怎么一回事儿

此外，民间还有"水砣穿裤"的说法，指的是在水砣上套一块布，提起来的时候会包住水砣，防止油流走，一般在大船走山东的时候会用上。就崇武船民的测深频率来说，每行船半小时就会测一次水深，每五寻（寻是计量水深的单位，宋时已有文字记载，一寻也指一托）作一个记号，最多能有四十到六十寻，即最深能测到近百米。通过高频率的测深可以及时纠偏，矫正航路。

"打水一托"有多深

就航海测深的这个过程，古人称之为"打水"，其测量出来的水深常

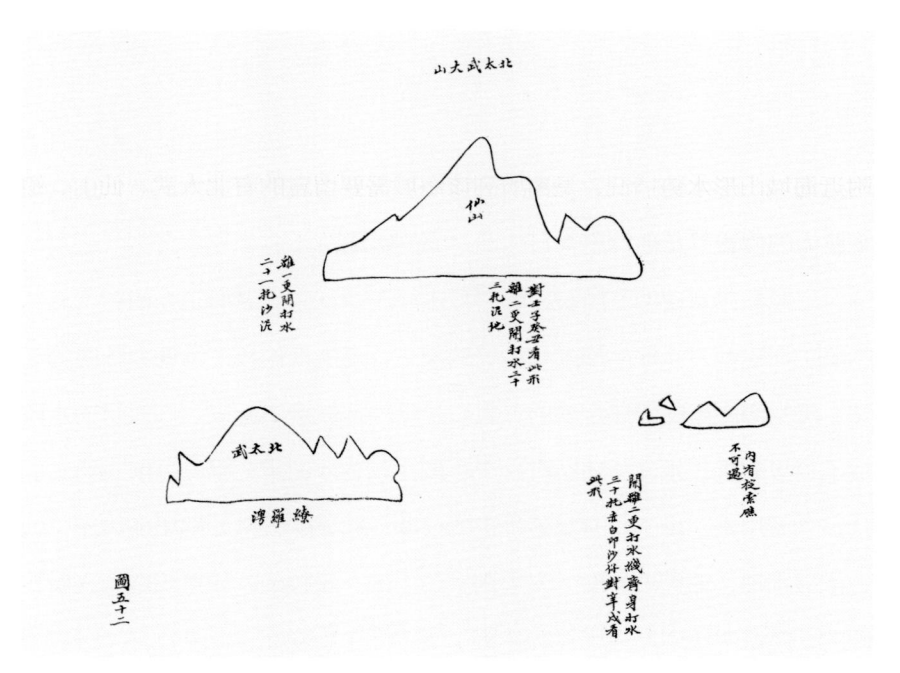

《古航海图考释》之"金门附近海域山形水势图"

用"托"来表示。明万历年间（1573—1620），福建漳州人张燮在其著作《东西洋考》中提道："沉绳水底，打量某处水深浅几托。""托"也是闽南方言，为成人张开双臂的长度，估算下来，一托在当今 1.6～1.7 米之间。当然，这个测量单位也有以"仞""寻"等字来表示的，不过都与"托"相等。

古航海图中的"打水托"

在章巽先生的《古航海图考释》中，以其图五十二为例，所绘为金门附近海域山形水势情况，是图所列该海域需要留意的有北太武、仙山、缭罗澳、碇索礁等处，而在这些山澳礁石附近航路上，也标注有相关打水测深的状况：

  对壬子癸丑看此形，离二更开，打水三十三托，泥地。

  离一更开，打水二十一托，沙泥。

  开离二更，打水线齐身打水三十托，赤白印沙仔，对辛戌看此形。

就打水深浅来看，也跟船只在港内或外洋密切相关。如果碰到潮汐，在潮涨潮落间，即使船只停泊在同一位置，水深也是不一样的。这就要靠船工的经验，通过不同时节测算出不同纬度潮水时间，以掌握好船只进出港的时间。有时碰到相近海底底质，老到的船工还能依据泥沙的不同气味及手感，通过看、闻、搓等办法来综合判别海域的具体位置。就如同北宋地理学家朱彧在其所撰的《萍洲可谈》中提道："舟师识地理，夜则观星，昼则观日，阴晦观指南针，或以十丈绳钩，取海底泥嗅之，便知所至。"

随着近代航海导航技术的更新普及，回声测深器取代了传统的测深锤，铅锤这一用具也逐渐被人们淡忘。我们希望通过对民间海洋文献的解读，以及对老船工的访谈记录，让更多的人了解、学习、复原和传承这些传统航行技术，并使之成为活态的技艺文化保存于世。

（林　瀚）

船锚家族发展史

从构造来看，除了锚爪以外，铁锚还配备有强度高、弹性好、易收存的锚链，并且在一般情况下，锚链的长度也要远超于水深。

铁锚的诞生

　　船锚的发展，经历了石碇、木爪石碇、带杆木锚、铁锚的演变过程。而"锚"字的产生，首见于南朝梁顾野王的《玉篇》中。从造字法则来看，有形声、象形、会意、指事等几种，而"锚"字在文献中也常被写作"猫"，显然按照古人的理解，这两个字之间是相通的，即人们在观察到猫爪啮抓现象后受到启发而模拟出锚爪啮土。而从文字的创造历史来看，一般也是在器物产生后才会造出相对应的文字，所以金属锚的产生应该会更早一些。

　　目前我们所能看到的最早的铁锚图像资料，是五代宋初画家卫贤绘制的《闸口盘车图》，现藏于上海博物馆。图中河道上可以看到运粮引渡

《闸口盘车图》所见四爪铁锚

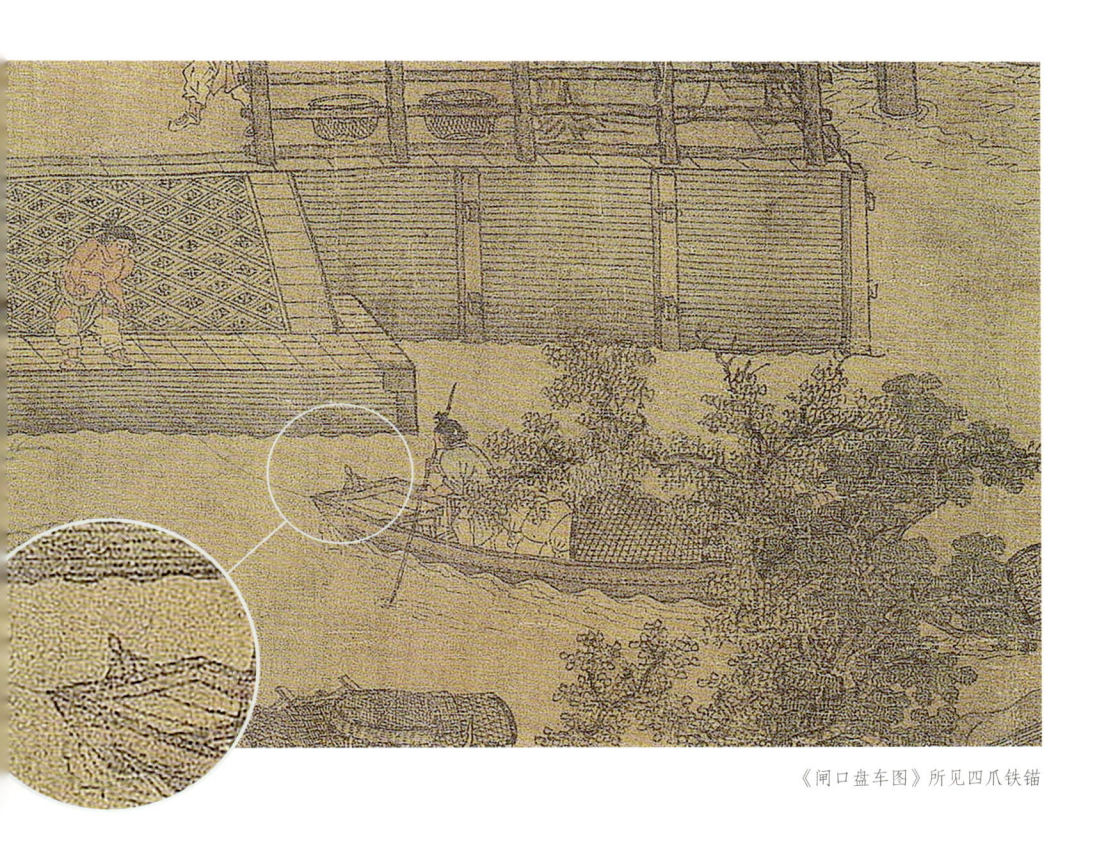

的篷船,其中一艘船的船首就挂着一根四爪铁锚,不过四爪并排呈钉耙状,还不是后世所习见的样式。

锚泊原理

从锚具选材来看,同等体量的铁锚显然要比石碇及木爪石碇重得多,所以就单位锚重的系船能力而言,铁锚要优于其他锚具。从构造来看,除了锚爪以外,铁锚还配备有强度高、弹性好、易收存的锚链,并且在一般情况下,锚链的长度也要远超于水深。从锚泊原理来看,这也增强了船只

的碇泊能力。就锚爪而言，多数人认为它可以钩住水底的石头，从而使船舶安全停泊，但事实并非如此，因为锚爪在石质底质上的抓力几乎为零，只有在泥地或泥沙底质上锚的抓力才会发挥出来。

在抛锚时，多放一段锚链可以使锚身平躺在海底。当波浪或水流冲击船身时，锚爪得以深深抓入海底，产生有效的抓力，再加上锚链与海底的摩擦力及自身重力，三者共同作用发挥出最佳锚力，为船只的稳定停泊和水上安全提供可靠保障。

清院本《清明上河图》所见船首挂锚

挂锚位置

从铁锚的安放位置来看，以船首的效果最佳。当船头铁锚抛入水中时，船体抵御水流及波浪的冲击力最强，所以在海船图像上，经常可以在船头看到挂着一两个大铁锚。当然，也有在船尾下锚的情况。在河道中，当船只顺流行驶出现停泊情况时，在船尾抛锚能有效地保障船只安全且不会使其转向。

106

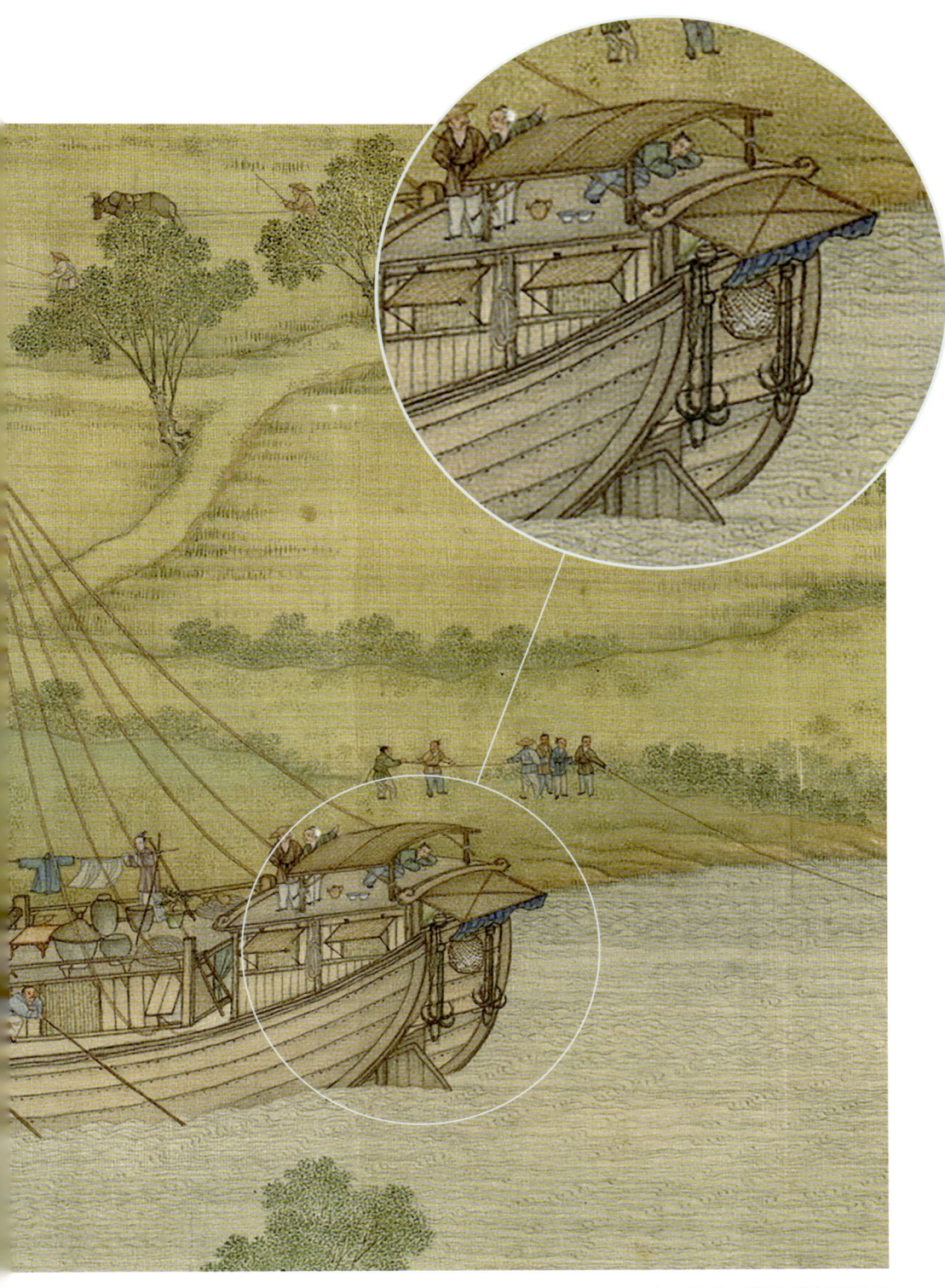

清院本《清明上河图》所见船尾挂锚

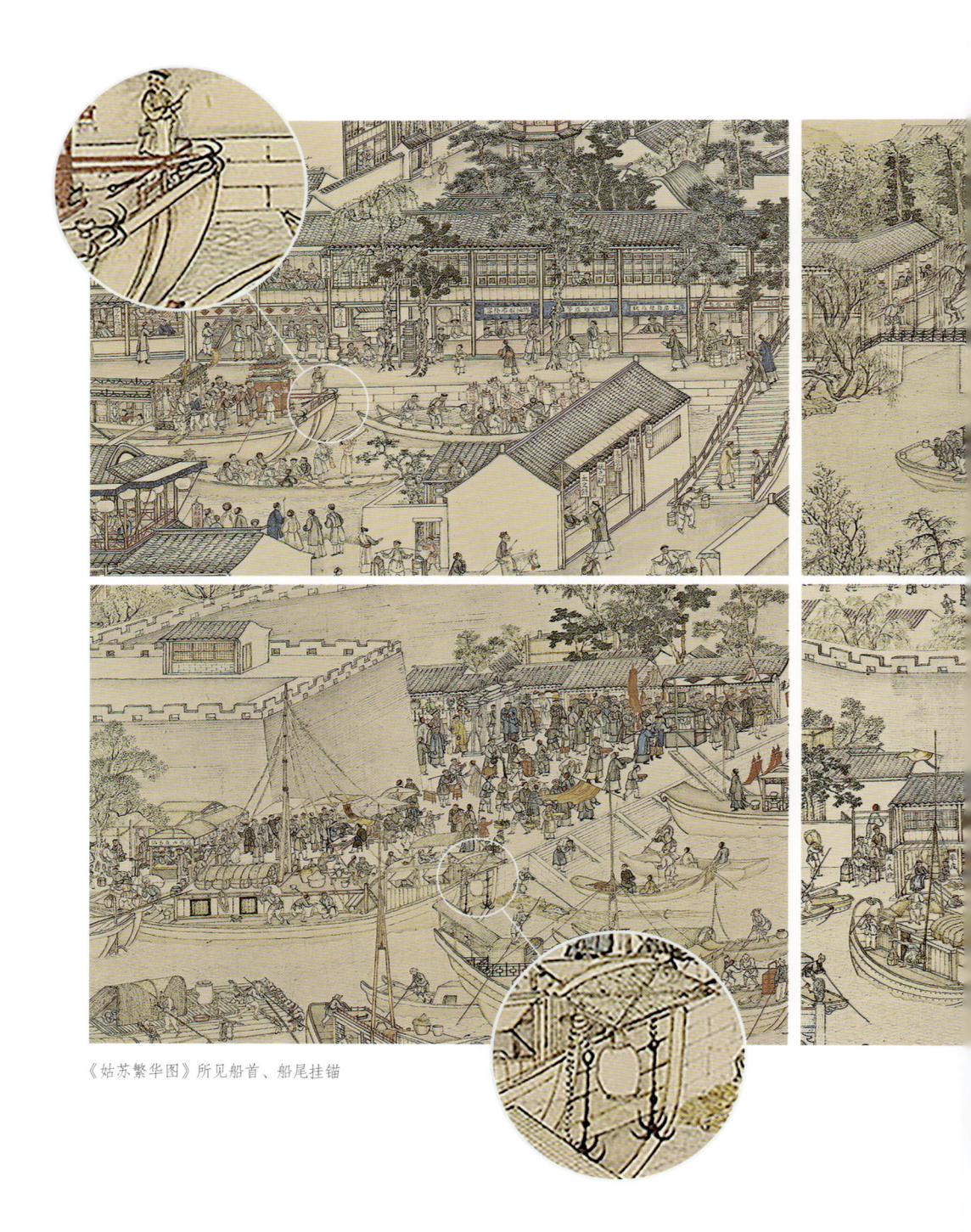

《姑苏繁华图》所见船首、船尾挂锚

108

在台北"故宫博物院"所藏的清院本《清明上河图》上，就可以发现船首、船尾挂置船锚的情况，船尾的四爪铁锚有悬挂、倒挂等不同情形。收藏于辽宁省博物馆的清代《姑苏繁华图》中，也可以看到船首、船尾挂置四爪铁锚的景象。

铸铁为锚

铁锚自产生以后，由于原料来源及锻造技术等问题，并未马上普及，直到明代这些问题得到解决后，铁锚才逐渐替代了木爪石碇和带杆木锚，成为海船的碇泊标配。明崇祯十年（1637）刊出的《天工开物》，为宋应星所撰，该书在《冶铸》《锤锻》《舟车》等篇中，分别提到四爪铁锚的锻造工艺、锚爪的焊接方式及铁锚的使用情况。在该书卷十《锤锻·锚》篇中，详细记录了四爪铁锚的制作过程。

在传统的炉锤作坊中，铁锚算得上体量较大的锻造物件，这也对其锻造工艺提出了

《天工开物》卷十《锤锻·锚》篇

较高的要求。在铁锚的锻造过程中，需要先锤制四个锚爪，然后再将锚爪逐一接在锚身上。对于体量达上千斤的铁锚来说，则需要事先搭建一个木棚，这样方便多人站在棚上一齐握住铁链，同时便于众人按需要使其转动，从而合力将锚的四个铁爪逐个锤合上去。

就接合锚爪时使用的"合药"来看，用的并不是一般的黄泥，而是筛过的旧墙泥粉，这样一边锤合，一边将药粉撒在接口上，接口就不会有微

《天工开物》之"锤锚图"

隙了。《天工开物》中还配有"锤锚图",形象生动地展现了古代四爪铁锚的锻造过程。在该书卷九的《舟车》篇中,则写到船只的铁锚配备及使用方式:

> 凡铁锚所以沉水系舟,一粮船计用五六锚,最雄者曰看家锚,重五百斤内外……锚爪一遇泥沙,扣底抓住。十分危急,则下看家锚……风息开舟,则以云车绞缆提锚使上。

1981年，泉州海外交通史博物馆组织人员进行水下考古探摸

三宝公的"镇海针"：石湖四爪铁锚出水始末

　　1981年，福建省泉州海外交通史博物馆人员在泉州湾进行水下考古调查时，从石湖港渔民口中得知，在距离林銮渡约300米的水域下网捕鱼，渔网经常被刮破，当地渔民将这片水域称为"铁麻篱"（应是"铁锚儿"的转音）。

　　从渔民下水后对水下凸出物的探摸，推测应该是一根铁锚杆在海中。

石湖四爪铁锚出水现场

按照当地耆老及渔民的口述，传说当年三宝公郑和下西洋时，船队经过泉州湾遇到台风，一时浪涛激涌，三宝公见状立即下令将一根"镇海针"投入海中，随即风浪平息，船队得以保全。

在石湖经过水下考古探摸，一件四爪铁锚被打捞出水，铁锚在水下的情况则是被横埋在0.5~1.5米深的海泥中，只有一个爪露出泥面约0.3米。泉州海外交通史博物馆的考古人员在对当地水域进行调查时发现，该四爪铁锚出水地点满潮时水深约6米，退潮时近2米，在古代水深则当不止此数。因此，即使退潮时该铁锚也在水下，人眼是看不到的。

这杆四爪铁锚出水时除锚爪尾尖和锚杆首部有残损外，形状基本完整，现藏于泉州海外交通史博物馆。由于长期沉埋海底，受海水腐蚀，锚身表面已被氧化，并形成了厚度达5~6厘米的致密锈层。经测量，这杆四爪铁锚残高2.78米，锚杆残长2.68米，径0.17米；锚爪间最大距离2.18米，锚爪径0.14米，总重量达758.3公斤。按照泉州沿海民间传统的比配公式（船载重量

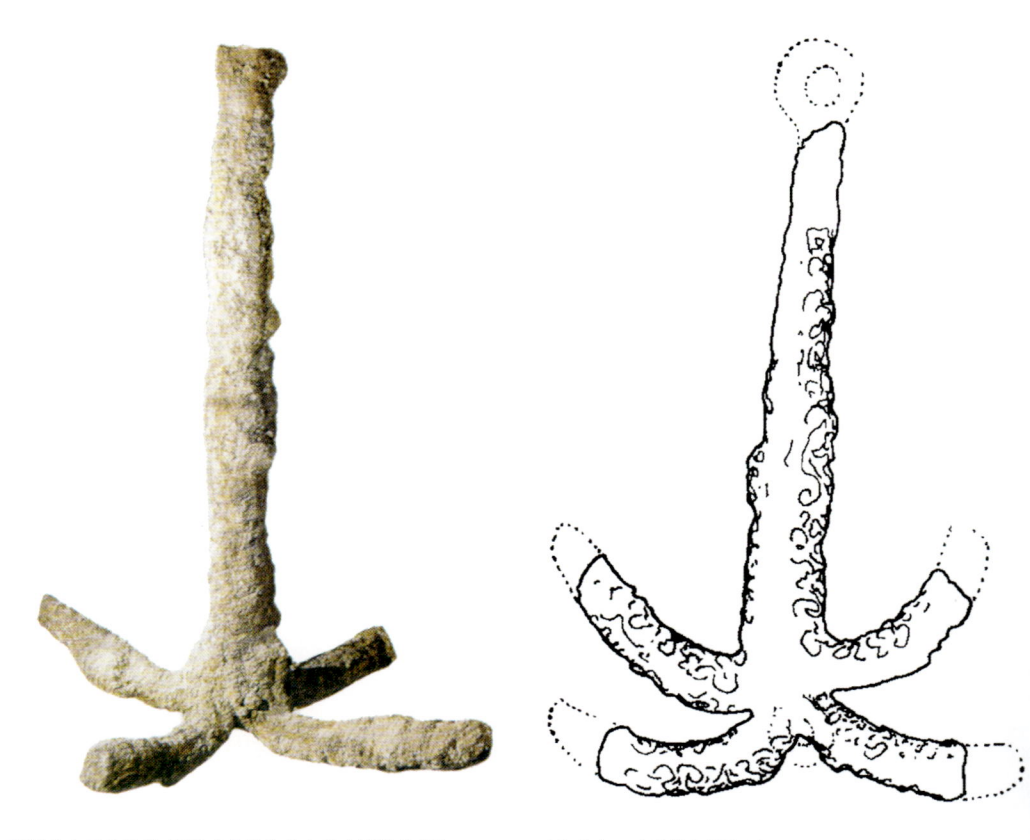

石湖出水四爪铁锚 明代（泉州海外交通史博物馆藏）　　石湖出水四爪铁锚复原线图

1吨比配铁锚重量2公斤）计算，配备这种体量铁锚的海船载重量近400吨，船只规模远超泉州湾出土的宋代海船。

　　经采样送往福建省机械研究所进行光谱分析和化学分析检测，发现该铁锚材料为熟铁，含碳量接近工业纯铁，即在制造过程中曾经进行过锻造处理。依据平静水域中钢铁表面的腐蚀速度（一般为每年0.08~0.12毫米）

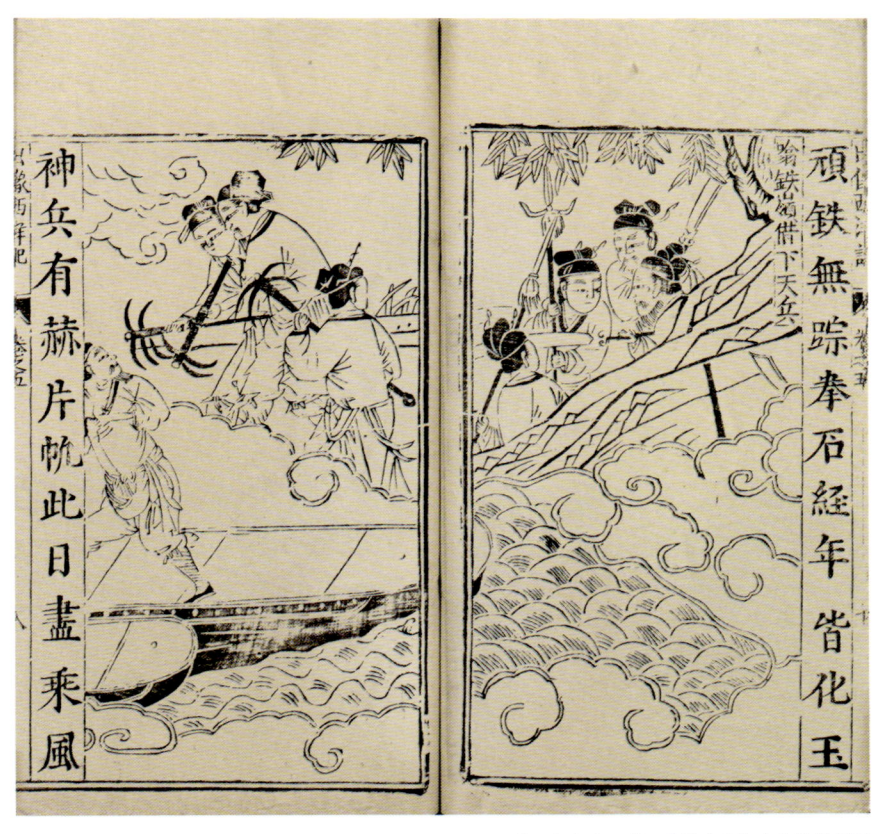

《三宝太监西洋记通俗演义》中的铁锚插图

推测，该铁锚经历的岁月已有 500 多年，即沉入海底的年代不晚于明初。

结合相关史料分析，当地渔民的传说具有一定的史实基础，这具古锚很可能是郑和船队的遗物。在明万历二十五年（1597）罗懋登的著作《三宝太监西洋记通俗演义》中，也有一张铁锚插图，其形制与石湖所发现的四爪铁锚十分相近。

藏在泉州海交馆里的铁锚家族

　　泉州海外交通史博物馆作为我国首个反映古代海外交通历史的海事博物馆，除了保存有国家级文物宋代沉船及其大量伴随出土物外，还收藏着数十根石、木、铁等不同材质的古代锚具。其中铁锚种类最为齐全，有单

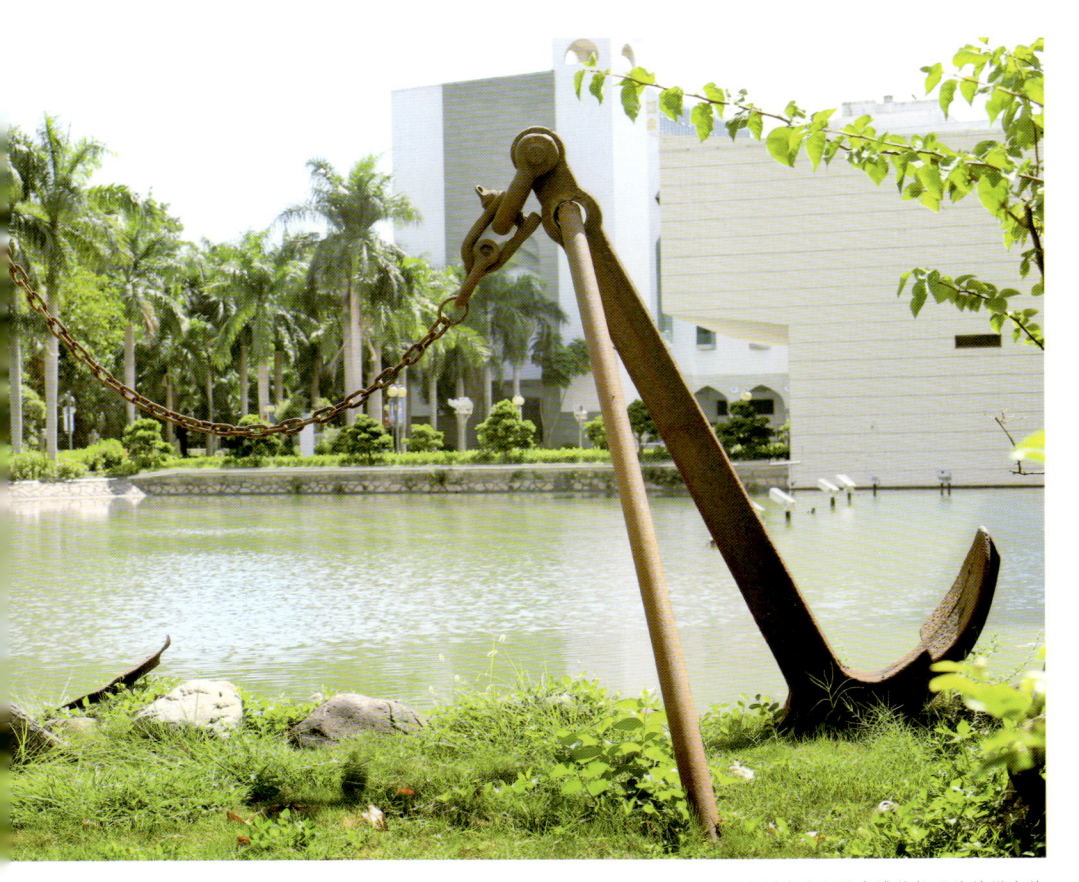

泉州海外交通史博物馆里的铁锚家族

齿铁锚、双齿铁锚、单爪铁锚、两爪铁锚、四爪铁锚、海军锚、舌形锚及霍尔锚等。这些不同样式的铁锚，也述说着我国古代船锚家族的发展历程，是泉州作为古代重要港口的实物见证。

（林　瀚）

古代船员分工

一艘船上除了雇请经验老到的伙长外，还要有专门的舵工、缭手、斗手、碇手等掌握不同技术的人员群体协作，才能保障船只的安全。

　　在汪洋大海上航行，波涛浩渺，浪高流急，风云变化不定，大到一个船队，小到一艘船，如何安全行驶是船老大首先需要考虑的问题。因此，一艘船上除了雇请经验老到的伙长外，还要有专门的舵工、缭手、斗手、碇手等掌握不同技术的人员群体协作，才能保障船只的安全。

　　"舵工"又称舵手，主要负责在船上操舵，以控制船只在海上航行的方向。"缭手"是主要负责掌控船帆绳索的水手。所谓"斗手"，则是缘篷绳登于船桅之上，负责占风望向的水手。"碇手"从字面上就比较好理解，是主要负责升降船只锚碇的船员。因此，古人在分析不同工种的船员对船只的作用时就曾认为：

汪洋大海上的航船场景（泉州海外交通史博物馆展示）

舵者，犹人之心也；缭、斗、碇，犹人之四肢也；船上众兵，犹人之百骸也。心若主持得正，则四肢百骸，皆得其道；心若主持不正，则四肢百骸，尽失其宜。故一船着力，全在舵工。

　　上面这段表述，不仅指出了舵工的重要性，而且体现了船员分工明确、各司其职的工作模式。

宋代《李充公凭》中的船员体系

　　在泉州海外交通史博物馆"泉州：宋元中国的世界海洋商贸中心"展厅内，展示着一份《李充公凭》文件，该展品原件收藏于日本大宰府。所谓"公凭"，其实是市舶司发给经营海外贸易商人的官方证明文件。在宋朝，按照规定，商人必须携带公凭才准出洋。办理公凭时，商人必须在所在州申请，且须有本州物力户（殷实之家）三人担保。经官方核实，到发舶州置簿抄上，然后才给公凭，拿到市舶司发放的公凭后，船舶才能起航到海外去。

　　早在北宋崇宁元年（1102），李充就曾前往日本经商，两年后回国。崇宁四年（1105），李充等人再次到日本，并向日本大宰府呈交本国公凭申请贸易。在这份公凭上，我们可以看到随船出行的人员有纲首（船长兼货主）、艄公（水手）、杂事，以及由部领管押的三甲水手，其中第一甲20人、第二甲25人、第三甲19人，全船共68人。

　　这份公凭不仅见证了泉州海商李充到日本贸易的历史，同时也是迄

公憑

提擧兩浙路市舶司
據泉州客人李充狀今將自己船一隻請集水手欲往日本國
轉買回貨經赴明州市舶務抽解乞出給公驗前去者
一人船貨物
自己船壹隻
綱首李充梢公林養雜事莊權部領吳弟
第一甲梁喦蔡依唐祐陳富林和
邵藤阮　楊元陳從
住珠顏丹王進郭宣
阮昌林旺黃生強宇闞從
送滿陳裕
第二甲左立吳忝陳貴李成翁生
陳珠陳德蔡原陳志顏章
張太吳大何朱朱有陳光
林弟李淼楊小彭李陳欽
第三甲唐才林太陽光陳養林太
陳榮林定林進張泰薩有
張武林泰小陳貴王有林念
生榮　王德　唐興　王春

《李充公憑》宋代（复制件）（局部）
（泉州海外交通史博物馆藏）

今为止所能看到的最为完备的宋代海外贸易凭证，是研究宋代海外交通史、宋代市舶司制度的珍贵资料。

明清赴日唐船的人员配备

唐船是明末清初赴日的中国沿海及南洋属中国华侨的各类商船的总称，在这些唐船上船员职务分工又是如何呢？

刊印于江户时代东山天皇宝永五年（1708）的《增补华夷通商考》中，其卷二的"唐船役者"项就记载了当时唐船的人员配备情况，因原文是由漳州方言而转记，故文中还就各个职务专门做了注释：

《增补华夷通商考》卷二　　　　　　　　　　《长崎土产》

伙长：主管海上航行者，熟知罗经之法，负责计测日月星位、测天气、察地理。

舵工：管操舵，是与伙长配合共同迎风破浪的重要职务。

头碇：主碇者，港口停泊时的重要职务，需灵活之人方可胜任。

亚班：主管船桅，需要时应亲自登桅操作，工作较辛苦。

财附：掌管货物买卖和每日的账目计算的职务。

总官：操持全船诸般事务。

杉板工：掌管舢板。

工社：水手，大船百人，中船六七十人，小船三四十人。

香工：照管菩萨座前之香火灯烛，掌朝夕之礼拜。

船主：不管船上事务，到日本指挥贸易，处理与政府有关事宜，管理船上人员。船主有两种，有货物主人作为船主的，也有货物主人不跟船而由其亲属代理的。

刊印于日本弘化四年（1847）的《长崎土产》中，其"唐馆"条也记录了当时船上人员配备名单，内容如下：

正船主：大船头。

副船主：帮助船头的副船头。

财副：书簿会计。

总管：掌管一船事务。

客长：船客。

工社
香工
船主

ハ三十人ナリ大船ハ百人中船ハ七十八人小船ハ三四
十人ナリ
皆薩ニ香華燈明ヲ勤メ朝夕倶拜ヲ主ル役
ナリ
船頭ナリ船中ニテ役ナレ日本ニテ商賣ノ下
知ヲシ公儀ヲ勤メ一船ノ人數ヲ治ム船頭ニ二種
アリ荷物ノ主人即船頭ト成テ來ルモアリ又荷物ノ
主ハ不來手代親類船頭ト成テ來ルモアリ

南京福州ノ船ハ皆小船也日本ノ十六七端帆ノ舟ヨ
リ大ナル者ナシ漳州廣東ヨリ出ル船ニハ日本ニ二十

端帆ノ大サ成者モアリ唐土ニテ船ノ大小ヲ計ニハ
皆所目ヲ三テ言事ナリ其大船ハ荷物五六十萬斤
次ハ三十萬斤或ハ二十萬斤小船ハ荷物八十萬斤ノ者也
又唐人天竺暹羅等ノ國ニ往テ彼地ヨリ長崎ニ來
ル船ハ造リヤウ又別也荷物百萬斤
又ハ二百萬斤ノ大船ナリ下ノ卷外國ノ所ニ可記
上ニ記スル船神天妃姥媽ノ事唐人ノ説ニハ福建

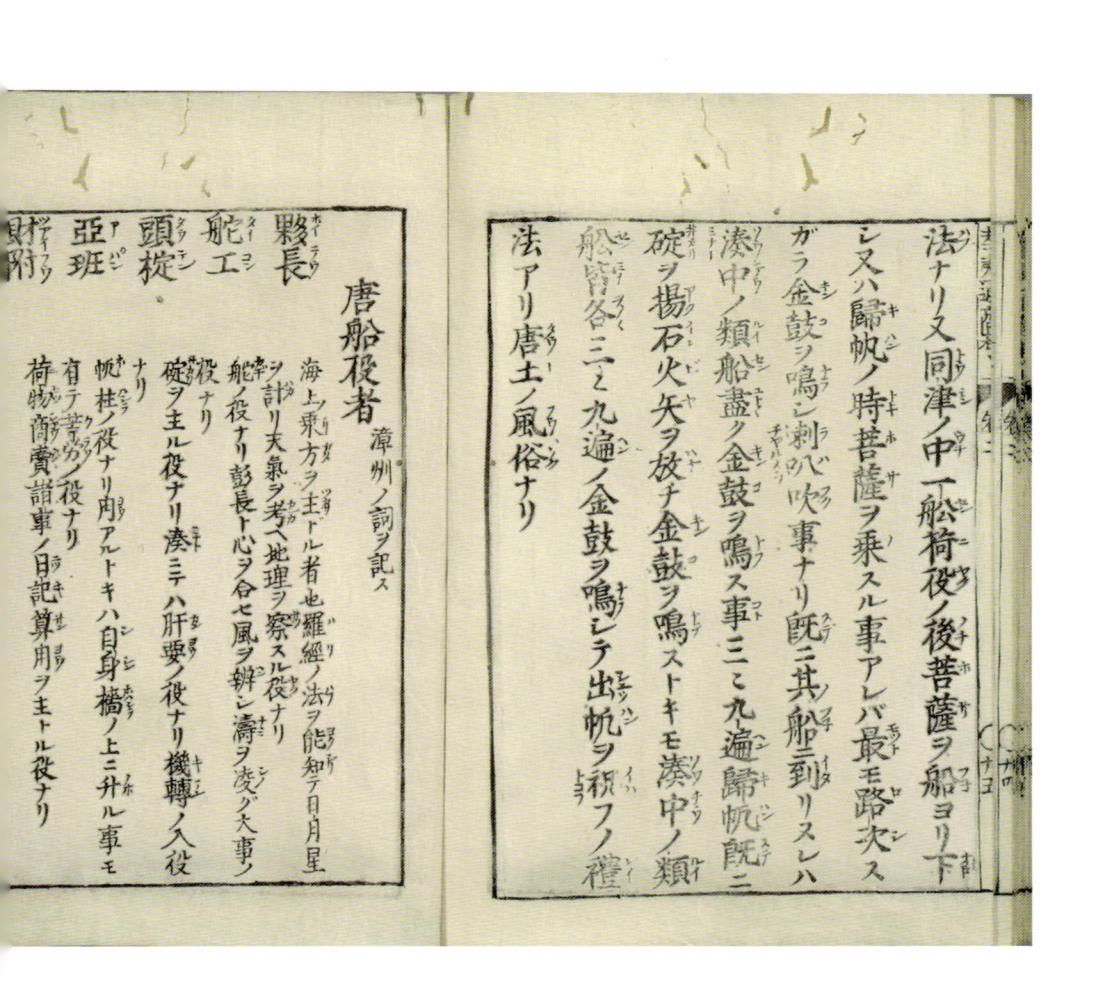

法ナリ又同津ノ中一船椅役ノ後菩薩ヲ船ヨリ下シ又ハ歸帆ノ時菩薩ヲ乘スル事アレバ最モ路次ニガラ金鼓ヲ鳴シ剌叭ヲ吹事ナリ既ニ其船ニ到リスレバ湊中ノ類船盡ク金鼓ヲ鳴ス事ニニ九遍歸帆既ニ碇ヲ揚石火矢ヲ放チ金鼓ヲ鳴ストキモ湊中ノ類船皆各ニニ九遍ノ金鼓ヲ鳴シテ出帆ヲ祝フノ禮法アリ唐土ノ風俗ナリ

唐船役者 漳州ノ詞ヲ記ス

夥長　海上ニ乘方ヲ主トル者也羅經ノ法ヲ能知テ日月星ヲ計リ天氣ヲ考ヘ地理ヲ察スル役ナリ

舵工　舵ノ役ナリ彭長ト心ヲ合セ風ヲ辨シ濤ヲ凌グ大事ノ役ナリ

頭碇　碇ヲ主ル役ナリ湊ニテハ肝要ノ役ナリ

亞班　帆柱ノ役ナリアルトキハ自身橋ノ上ニ升ル事モ有テ苦労ノ役ナリ

財附　荷物商賣諸事ノ日記算用ヲ主トル役ナリ

舵工 櫨梶取 香工 杝工取 拕工 杝工
水手也 頭捉 也櫨 ナリ ヲクシヤトハ 第三 亜㧾
水手 ナリ長䑨ノ俗ニヲクシヤト称スルハ 小厮ナリ
頭 工杜 水手ナリ惣俗ノ詞ニ䑨ニテコンシヤトス 惣哺 贈栬 老大
大繚 綜 ナリ第二 第三 帆椸 等アリ
䑨棲 一仟 二仟 帆棲 三仟

新貨庫 唐䑨此西の海中ふちり元禄十五年建唐䑨乃
貨物を入きむかし處あり
唐人踊ハ春二月の初ふさ此行ハ土神祠の祭禮あり二月二
日を祭日として䑨後三日乃間此事アリ土神祠の前ハ高大
なる舞局の䑨代詮き揔へ色ミ小粧いかし在館共唐人

其事ふさる處ハ其捜ての衣冠裝束ひ着け綾羅錦繡と装ひ
䑨上り出て歌舞なるよ其事体ハ水滸傳五ヶ条或ハ稗官
小説の内を用ゆるもあり樂器ハ銅鑼拍板囉叭嗩吶鈸鑼笛大
鼓其用ひ方折渾と提琴 脇ふ㭴ハ小様㭴にてれ代作のちみやく
鮫皮を張り三絃の糸をかれ板な用ひむ三絃の馬ハ
尾代通ふてをれハみみつく作りにて板代ハ渋紙にて糸三絃
以て拇リあるを以て三絃ハ本やく作てれハ摎ハ竃甲をもて逰
邦に比類なき義觀あり

○金毘羅山紙式鳥會
金毘羅山ハ崎中の北ふあり一名奥冗山入瓊抖山と云麓小瞻野
なり三月十日金毘羅大權現の祭日ふして其日ハ大人小児各々行

長崎土産

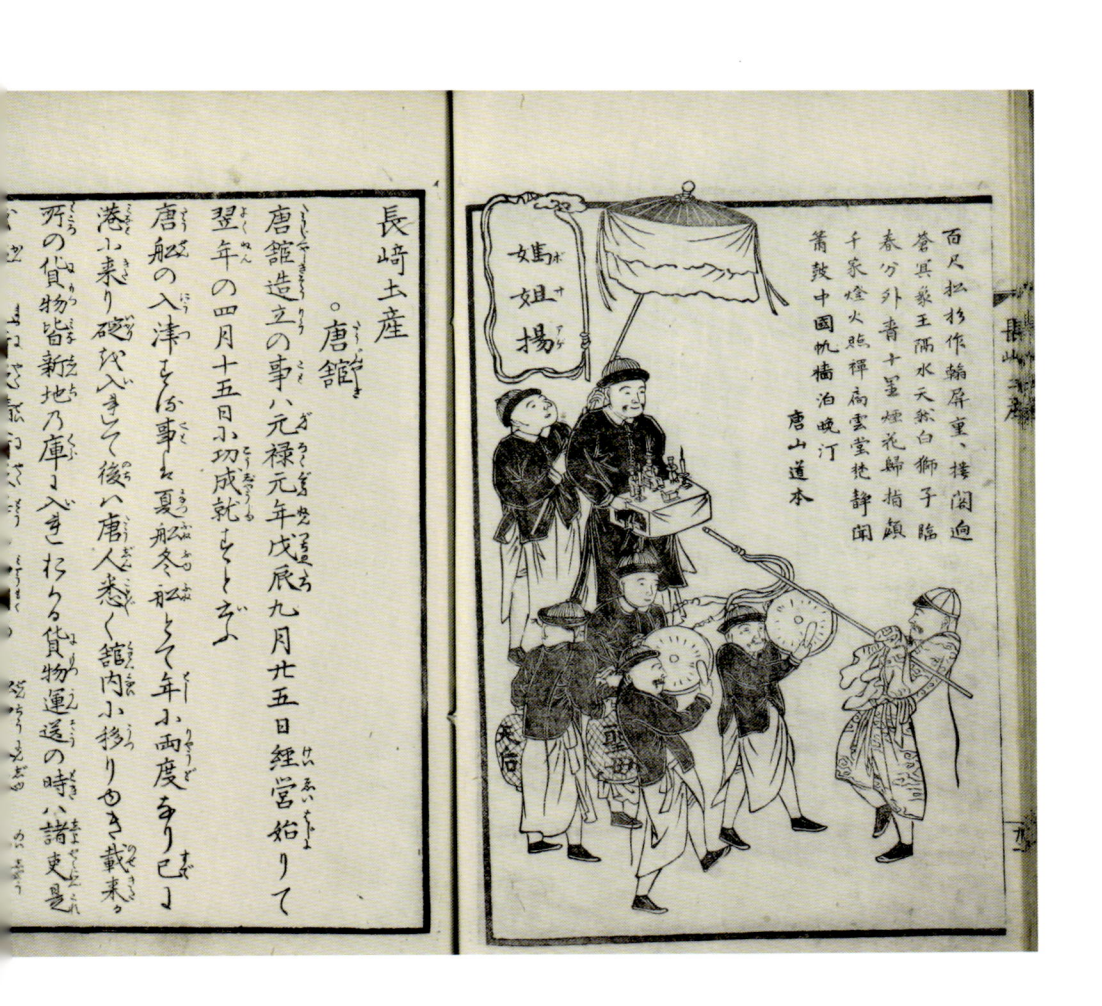

。唐舘

唐舘造立の事ハ元禄元年戊辰九月廿五日經營始りて翌年の四月十五日小功成就をとぶらふ唐舩の入津をふせん事も夏舩冬舩とて年ニ兩度なり已ニ港小來り碇代入きて後ハ唐人悉く舘内小移りゆき載來る所の貨物皆新地乃庫ニ入をくたる貨物運送の時ハ諸吏是

百尺松杉作輪屏重、撑閑過
蒼眞毅王隔水天祭白獅子臨
春分外青十里煙花歸指顧
千家燈火照禪扁雲裳枕靜聞
簫鼓中國帆橘泊岐汀
　　　　　唐山道本

媽姐揚

《长崎土产》"唐馆"条

板主：船舶所有者。

伙长：掌管罗盘，负责测算、指示方向，给水手下达操船命令，而船上水手称为伙计，故取水手长之意称为伙长。

舵工：操舵。

头碇：管操碇。

香工：负责向船神供奉香火、花果。

押工头：木工师傅。

押工：普通木工。

直库：管大鼓。

大缭：管帆索。

一仟：管大帆。

二仟：管第二帆。

三仟：管第三帆。

亚板：管有关船桅的事务。

总哺：管炊事。

老大：水手头目。

工社：水手，长崎通常误称为"kokusha"，泉州话应为"konsha"。

小厮：仆人。

大庭脩先生在其研究中认为，上述两种资料中，《长崎土产》所记较为详细，不过主要内容差别不大，只是中国名称的日语注音差别较大。出现这种情况的原因主要是：《增补华夷通商考》多以当时赴日中国人较多的地方——厦门、泉州、漳州等地的闽南方言为依据，而《长崎土产》则多取自江户后期掌控贸易的江浙商人的语音。

（林　瀚）

小小船联大讲究

船联是对联的一种形式，它所表达的是行船平安、顺风得利的船民愿望，他们希望商船满利、渔船满载。

对联，又称"楹联"，俗称"对子"，每副对联是由字数相等的上下两部分组成，联句要求词义相异、词类相同，上联又叫"出句"，下联则称"对句"。它以古老而又独特的形式，抒发着美好愿望或志向，因文字要求对仗工整、简洁精巧，而成为我国特有的一种文学形式。

春联的故事

春联，也常被称为"门对"或"春贴"，是中国传统节日春节中接地气的一种文化符号，象征着喜庆吉祥，也寄托着人们对新年的祈盼。每年春节，家家户户至少要精心挑选一副对联贴在大门上，寓意辞旧迎新、开

船舶尾部对联

"神荼""郁垒"桃符

年顺遂。正因春联所传递的新年美好祝福，所以民间也有着"无联不成春，有联春更浓"的说法。

春联的出现，据说最早是以周朝的桃符为雏形。桃木亦名降龙木、鬼怖木，是我国古代用途广泛的镇灾辟邪材料。关于桃符的形制，为长六寸、宽三寸的桃木板，上书上古神话中魔神"神荼""郁垒"的名字，古人认为这样便具有双重的辟邪神力，而这也表达着古代人民消灾免祸、趋吉避凶的美好愿望。

目前，我们所能了解到的第一副春联，相传是由五代十国时期后蜀末

春节期间的泉州街景

代皇帝孟昶所作的桃符题词"新年纳余庆，嘉节号长春"。正是从这时起，每逢过春节的时候，在大门两边贴上联语就逐渐成为一种影响广泛的民间习俗。王安石的《元日》"爆竹声中一岁除，春风送暖入屠苏。千门万户曈曈日，总把新桃换旧符"，便是生动描写新年贴春联习俗的精彩诗句。

海上船联讲究多

船联是对联的一种形式，它所表达的是行船平安、顺风得利的船民愿望，他们希望商船满利、渔船满载。每逢新船下水、过年祈福等重要节点，

泉州第九码头网仔船

网仔船船头吉语

船民都会事先请当地毛笔字写得好又善于编写对子的人来写应时应景的对联，并贴于船上的不同位置。在这一点上船民的讲究颇多，而这也成为船民风俗之一。

在新造船只下水启航前，船民除了挑选吉日进行庆祝仪式外，也要贴上吉祥船对。而在春节前的除夕夜，船工也都会将船只洗刷干净，张贴红纸对联。

船头两侧一般会贴的联句有"龙头生金角，虎口出银牙""船头无浪多招宝，船后生风广进财""顺风无浪行千里，舵后生风送万程""下网正碰鱼群过，满载而归得顺风""龙头金角安天下，虎口银牙定太平""顺风平浪到广足，如意定海走太平"等。前舱外冲浪板吉语，或船头横联则有"船头压浪""木龙光彩""一帆万里""风顺船安""招财进宝""一见大吉""水上太平""一网两船""船平水稳""顺风大吉""一本万利"等。

传统的木帆船，多有数根桅杆，根据桅杆的位置配以不同的"将军"称号，并贴上不同的条幅吉语。大桅或称主桅贴"大将军八面威风"等。二桅会贴的吉语有"二将军开路先锋""二将军日行千里""二将军威风凛凛""二将军百灵相助""二将军挂印封侯"等。艄桅或称尾桅则贴"三将军舵后生风""三将军开风挂角""三将军前步先锋""末将军舵后生风"等。四樯桅吉语有"四将军前部先锋""四将军追风赶月""四将军日行千里"等。五樯桅贴"五将军五路财神"等。桅杆春条则写"长风劲

大桅条幅吉语"大将军八面威风"　　　　　　　　　　　　二桅条幅吉语"二将军开路先锋"

船尾舱舵杆两侧的对联"木做成龙游天下，家住水面乐如仙"

送""乘风长行"等。

　　船舵一般会贴上"万军主帅""舵掌乾坤"等吉语，船尾舱舵杆左右联则有"船到鱼起，舵后生风""木做成龙游天下，家住水面乐如仙"等内容可供选择。

　　船尾栏板上一般会贴的横幅吉语有"顺风相送""风平浪静""海不扬波"等。船尾张贴的联句则有"顺风顺水顺人意，得财得利得天时""通达逍遥远近游，江河湖海清波浪""九曲三弯随舵转，五湖四海任舟行""船是木龙游天下，人在海上乐如仙"等。

舱房对联"生意兴隆通四海,财源茂盛达山(三)江",横联"顺风得利"

　　船舱上对联内容颇多,有普通的内容如"生意兴隆通四海,财源茂盛达山(三)江",也有呈现海上特色的"九曲三江水,一网两船鱼""玉橹摇进千里月,锦帆高挂一港风"等,其横联多为"满载而归""顺风得利""鱼虾满仓"等。此外,有的船民还会在船舱内故意将"福"字倒贴,预示着"福到"了。

　　在船上的妈祖神龛供台上,所贴横联有"海国安澜""海天共济"等,两侧船联书写的内容有"身居湄洲真显赫,神在船中保平安""浪静波恬欣海日,风平日丽庆春和"等。

船上米仓联语"米粮满仓"

船上水箱联语"龙井百元"

除此之外，船上居室、用具等也都贴有联语，如船老大床头联"略晓风雨气色，须知海岛机关"。耆命（会计）床头联"但求不亏我心，岂能尽如人意"。灶台则贴"一人巧作千日食，五味调和百月香"。米仓则贴"米粮满仓"。水箱联为"龙泉凤井"或"龙井百元"。船上各处还会贴上"斗大元宝"或"黄金万两"四字组成的一个个方块联。

从以上收集到的海船对联来看，船民对船联所书写的内容及张贴的位置都非常重视，而对联涉及的内容也很广泛，总体来说，其目的主要是祈求出海安全、一帆风顺。这些船联不仅给沿海的渔村港湾增添了融融春意，同时也展现了我国传统楹联的民风古韵。

（林　瀚）

木帆船上的十二生肖

关于传统海船上出现十二生肖的原因,在对造船师及走船师傅的采访中,有人认为这是为了便于记忆船体部位而做的代指,也有人认为这些生肖是传统吉祥物,可以护佑海上航行的安全。

十二生肖传统

十二生肖,又称属相,是中国传统文化的重要部分,由十一种自然界的动物与传说中龙的形象相组合,与十二地支相配,用于纪年。按其顺序排列为子鼠、丑牛、寅虎、卯兔、辰龙、巳蛇、午马、未羊、申猴、酉鸡、戌狗、亥猪。

可以说,十二生肖是十二地支的形象化表现,随着历史的发展逐渐融合形成一种观念阐释系统,最终十二生肖也成为具有强大生命力的民俗文化符号。由于十二生肖在日常生活中被广泛使用,因此在陶瓷、石刻、绘画、刺绣等各种艺术门类中均出现了不少以之为题材的艺术品。与此同时,

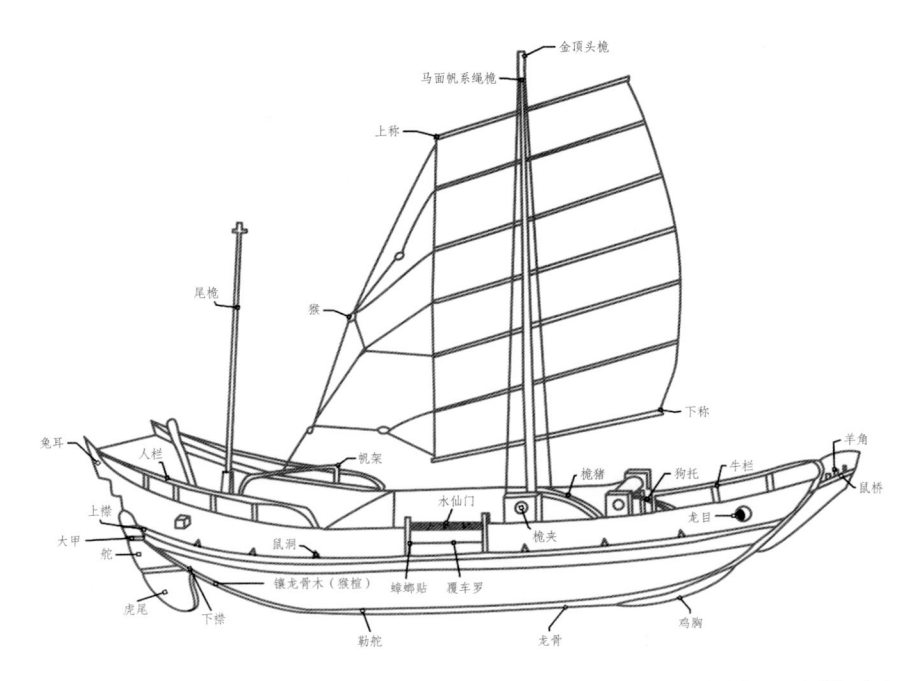

传统海船十二生肖位置图

在传统的造船业中，十二生肖也被用于指称船舶上的不同部位及构件。

"赤嵌笔谈"中的海船十二生肖

始于清康熙六十一年（1722）的《台海使槎录》，为清代巡台御史黄叔璥所著，是书分八卷，由"赤嵌笔谈""番俗六考""番俗杂记"三部分组成，其中"赤嵌笔谈"分四卷，所涉内容颇为广泛，目分原始、星野、形势、洋、潮、风信、水程、海船、城堡、赋饷、武备、习俗、祠庙、商贩、进贡、泉井围石、物产、杂著、纪异等。在"海船"条中，记载了当时船只的修造、铅锤的使用、船员的配备、海上航行所应注意的事项等，最有意思的是文中还记录了当时的海船以十二生肖指称船上十二个部件的内容：

> 海船按十二支命名：船头边板曰鼠桥，后两边栏曰牛栏，舵绳曰虎尾，系碇绳木曰兔耳，船底大木曰龙骨，两边另钉弯杉木曰水蛇，篷系绳板曰马脸，船头横覆板插两角曰羊角，镶龙骨木曰猴楦，抱桅篷绳曰鸡冠，抱碇绳木曰狗牙，挂桅脚杉木段曰桅猪。

那么，关于福船上的十二生肖命名方式是否适用于整个福建地区呢？经相关学者调研发现，即使在福建省内，其不同海域以及师承派系不同的造船师在对海船十二生肖的命名及具体所指上，也存在着许多差异。

泉港峰尾圭峰黄氏命名的海船十二生肖

泉港峰尾圭峰黄氏，是当地传统造船世家，在对古船上不同位置进行命名时，也以十二生肖指称船体不同部位及构件，分别为：一鼠桥、二牛栏（护栏）、三虎口、四兔厕所（因为船上没有象征性的构造，在船后厕所弧形挡板上绘画兔的图案）、五龙目、六水蛇、七马面、八羊角、九猴头（索滑轮）、十鸡橱、十一狗齿、十二猪架仔（帆架）。

许路先生调研中的海船十二生肖

海洋考古学者许路先生主要从事福建沿海的海洋考古研究，自北向南的福建海岸线都留下了他的调查足迹。通过与福建传统造船师傅及船老大

泉港峰尾圭峰黄氏造福船

交谈，他还整理出了一份福建传统海船部位名称的资料：

"子属鼠曰鼠桥"，鼠桥指船首和船尾舷墙上的栏杆。

"丑属牛曰牛栏"，牛栏指船舷上方的栏杆。

"寅属虎曰虎尾"，虎尾指牵舵头之绳。

"卯属兔曰兔耳"，兔耳为船头斗盖与托浪板之间的横向构件。

"辰属龙曰龙骨"，龙骨是福建帆船最主要的纵向结构。

"巳属蛇曰水蛇"，水蛇为船舷两边的纵向加厚构件，兼为衡量船只吃水深度及头尾平衡的准线。

"午属马曰马面"，马面指桅杆尾部的垫木。

"未属羊曰羊角"，羊角指船头斗盖上面的椿木，用以隔开碇绳。

"申属猴曰猴头"，猴头指集束风帆缭绳用的木滑车。

"酉属鸡曰鸡胫"，鸡胫指大篷的抱桅缆。

"戌属狗曰狗牙"，狗牙指鹿肚勒。

"亥属猪曰尾猪"，尾猪即闽南语的桅抵。

帆船爱好者调研中的海船十二生肖

一些中式帆船的爱好者时常会到泉州沿海地区进行传统造船业的调研，并记录了泉州南北海

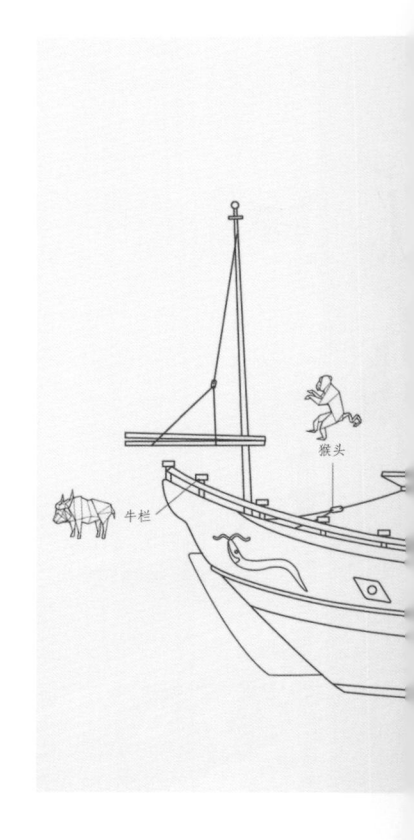

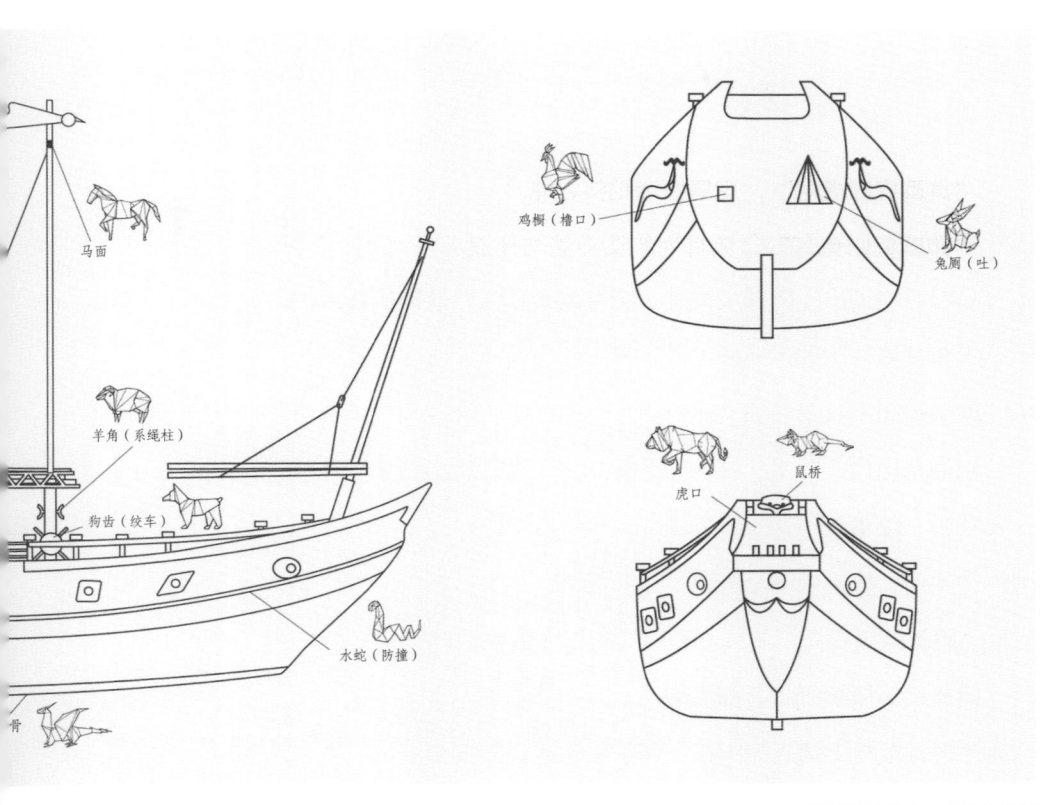

图中标注：马面、羊角（系绳柱）、狗齿（绞车）、水蛇（防撞）、鸡橱（橹口）、兔厕（吐）、虎口、鼠桥

泉州北边船十二生肖位置图

船十二生肖的命名差异。

泉州北边船十二生肖

鼠桥：艉面最上面的崁巾。

牛栏：船后段坡仔上的护栏。

虎口：艉面上画镇邪兽面与崁巾之间的开口。

兔厕：解放孔屁遮上画一兔子，音与"吐"同音。

147

龙骨：脊椎骨。

水蛇：防撞的水蛇稳。

马面：桅顶风门内保护桅杆，免被绳索和滑轮磨损的两片护木。

羊角：桅杆下的系绳柱。

猴头：绳索收紧器或滑轮。

鸡橱：橹口。

狗齿：绞车。

猪架仔：提帆架或是脚踏，也叫马踏。

泉州南边船十二生肖

鼠尾：船尾航行灯，篷青橹红。

牛栏：坡仔上增高的围栏，保护船上人员的安全。

虎齿：艑面头犁壁顶端也叫"崁巾"，其上头竖立的两三根木柄，规范锚绳的滑动位置。

兔耳：船尾两舷上端固定尾后车轴的各一长条三角形木板。

龙目：船眼，渔船看下方、商船看前方。

波蛇：水蛇稳，防碰撞保护船身。

马面：桅顶风门内两片保护桅杆，以避免被升帆索及滑轮磨损的木片。

羊头：绞绳索的绞车。

猴头：滑轮或绳索收紧器。

鸡胸：龙骨前端与艑面头犁壁交界处的一似鸡胸的三角形立体木，起开浪及减少阻力的作用。

狗仔：上有狗仔、下有下擒，狗仔也称"上擒"，规范舵轴的装置。

猪屎夹：头桅的桅夹。

崇武大岞的海船十二生肖

泉州海外交通史博物馆人员在对泉州崇武大岞海船进行调研时，泉州市水密隔舱福船制造技艺非遗传承人张国辉师傅也分享了当地传统海船十二生肖具体指称的部位及构件：鼠洞，另外又有"橹匙"一说，闽南话发音与"老鼠"谐音，指连接橹的支架，防止跳橹的时候把人打翻下水；牛栏，牛担犁；虎尾；兔耳，兔厕；龙骨；水蛇；马面；羊角；猴头；鸡胸；狗牙；母猪嘴。

关于传统海船上出现十二生肖的原因，在对造船师及走船师傅的采访中，有人认为这是为了便于记忆船体部位而做的代指，也有人认为这些生肖是传统吉祥物，可以护佑海上航行的安全。因为在传统航海过程中，风雨骤起或搁浅触礁等飘风海难事件时有发生，人们出于对海洋的恐惧与敬畏，需要有所寄托。

当古人在海上孤独无依的时候，他们会寄望于神灵的保佑，而船只的安全是他们的性命所系，这也就不难理解为何不同海域的船工都要在海船上凑足十二生肖了。

（林　瀚）

鼠洞

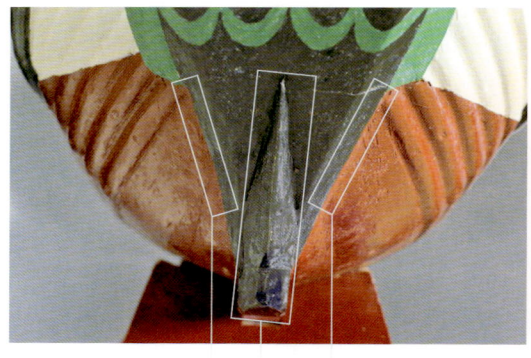

牛栏

猴头

羊角

母猪嘴　鸡胸　母猪嘴

狗牙

虎尾

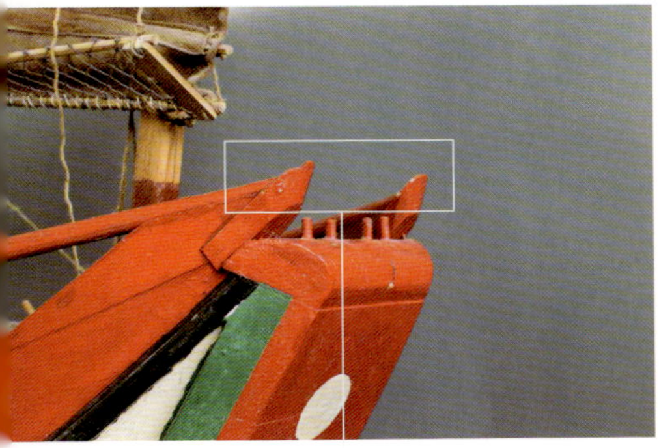

兔厕

兔耳

马面

狗牙

崇武大岞海船十二生肖部分示意图

船上神灵群体

过去,当人类面对大海的狂野时,无助、恐慌是本能的反应,而这种来自神灵的信仰力量,会帮助人们摆脱绝望,成为他们奋力求生的动力。

由于航海活动的不可预见性,海难时有发生,古代船民在人力所不能及的境地中,只能求助于神灵,尤其是风浪诡谲的大海,极易使人产生恐惧,为了寻求心灵的慰藉,古时舟人常常遇神拜神,只要是与航行有关的神明皆会祭拜。

船上"神堂"与"神灯"

古代,在海上遇到危难时,舟人、官员有时会寻求神明的"指示"。为了便于祭祷神灵,前往琉球的封舟之上还设有专门的神堂,以做祭神之所。现在我们仍能从《琉球国志略》一书所保存的封舟图中,看到船上的

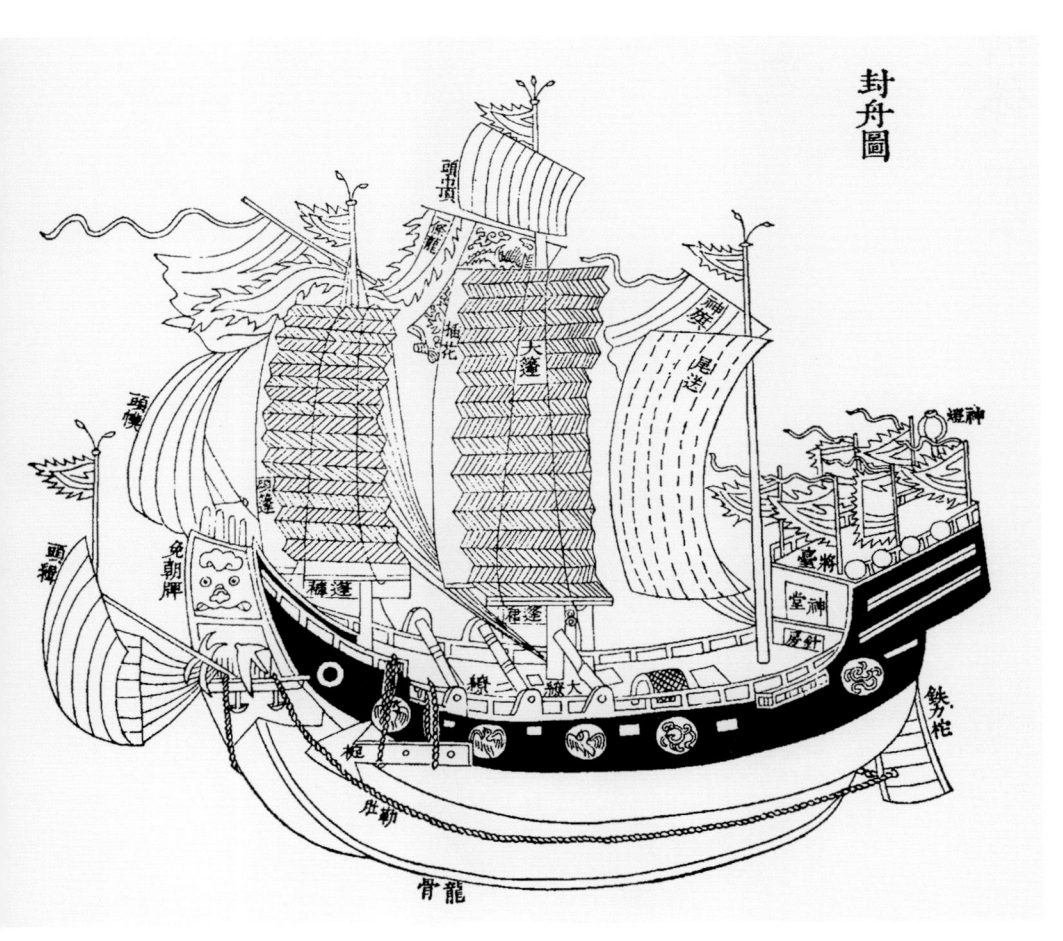

《琉球国志略》之"封舟图"

燈籠

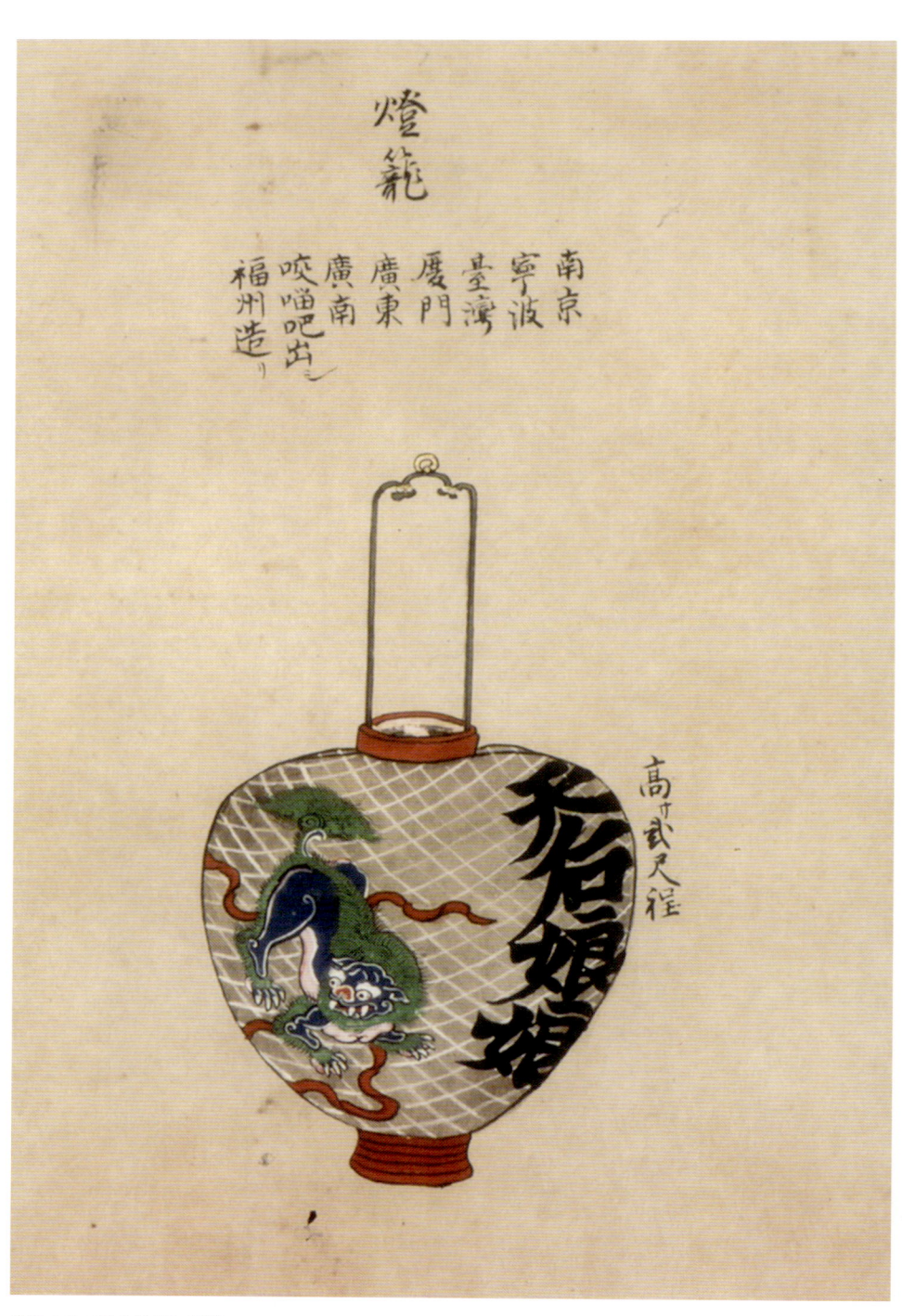

南京
寧波
臺灣
廈門
廣東
廣南
咬𠺕吧出
福州造リ

天后娘娘

高サ貳尺程

唐船上的"天后娘娘"灯笼

渔船桅杆上挂的"妈祖"神像

20 世纪 30 年代岭南地区船上的神龛　　　　　　20 世纪 80 年代泉州船舱内神龛与香筒

"神堂"与"神灯"所处方位。而就普通渔船还有小船来说，船民则会用金纸把从庙里求得的香灰包好，放在船舱内干燥处，据说这样也能起到护佑船只的作用。此外，也有在古船上悬挂"天后娘娘"灯笼、在桅杆上挂"妈祖"神像的情况。

海舶上负责司香的"香公"

在明代漳州文人张燮的《东西洋考》一书中，曾记道："特命一人为司香，不他事事。舶主每晓起，率众顶礼。每舶中有惊险，则神必现灵以警众，火光一点，飞出舶上，众悉叩头，至火光更飞入幕乃止。是日善防之，然毕竟有一事为验。或舟将不免，则火光必扬而不肯归。"传统海舶上这一专门负责向船神供奉香火、花果的人也常常被称为"香公"。

传统海道针经中庞大的神灵群体

就船上舟人信仰来说，常祀协天大帝、天妃、舟神等，协天大帝即关羽，而舟神，"不知创自何年，然舶人皆祀之"。以上三神为往来舶中所常祀神灵。此外，从目前所保存下来的海道针经来看，在《顺风相送》一书的《地罗经下针神文》中，还保留着一份十分详备的神灵名单，由此可见古代舟人所需祭祀的海神群体是多么庞大：

> 伏以神烟缭烧，谨启诚心拜请，某年某月今日今时四直功曹使者，有功传此炉内心香，奉请历代御制指南祖师，轩辕皇帝，周公圣人，前代神通阴阳仙师，青鸦白鹤仙师，杨救贫仙师，王子乔圣仙师，李淳风仙师，陈抟仙师，郭朴仙师，历代过洋知山知沙知浅知深知屿知礁精通海道寻山认澳望斗牵星古往今来前传后教流派祖师……定针童子，转针童郎，水浅神者，换水神君，下针力士，走针神兵，罗经坐向守护尊神，建橹班师父……擎波喝浪一炉神兵，海洋屿澳山神土地里社正神，今日下降天神纠察使者，虚空过往神仙，当年太岁尊神，某地方守土之神，普降香筵，祈求圣杯……

此外，在《指南正法》中的《定罗经中针祝文》也提到了鬼谷，孙膑先师，袁天罡，神针大将，夹石大神，换水童郎，水盏圣者，起针神兵，

水神君下針力士走針神兵羅經坐向守護尊神建檣班師父
部下仙師神兵將使一爐神本船奉七記香火有感明神敕
封護國庇民妙靈昭應明著天妃曁二位侯王等竹筊仙師五
位尊王楊奮將軍最舊舍人白水郡公林使總管千里眼順風
耳部下神兵掔波喝浪一爐神兵海洋輿灣山神土地里社正
神今日下降天神糾察使者虛空過往神仙當年太歲尊神某
地方守土之神普降香筵祈求聖杯或遊天邊戲駕祥雲降臨
香座呂蒙列坐謹具清樽伏以奉獻仙師酒一樽乞求保護船
隻財物今日良辰下針青龍過海永無災難恭虔奉酒味初伏
獻耳獻的香醪第二虔下針酒禮奉先真伏望聖恩常擁護
東西南比自然通爭子誠心虔奉酒陳亞獻伏以三盃美酒滿
金鍾扯起風帆遇順風海道平安徃回大吉金珠財寶滿船盈
榮虔心美酒陳獻，酒禮畢敬奉
聖恩恭望洪慈俯垂同鑒納伏望愿指南下盡指東西南北永
無差朝暮使船長應護往復過洋行正路人船安樂過洋平善
暗礁而不遇雙蓬高掛永無憂火化錢財以退殘筵奉請
來則奉香供請去則辭神拜送稽首皈依伏惟珍重

《順風相送》之《地罗经下针神文》

定羅經中針祝文

伏以壇前弟子謹秉誠心府伏躬身焚香拜請諸位請歷代御前指南祖師軒轅皇帝周
公聖人前代神通陰陽先師鬼谷孫臏先師袁天罡李淳風楊救貧仙師王子喬陳希夷
仙師主個郭仙師歷代過洋知山形水勢知淺深知礁奧識灣澳精通海島望牛牽星
往古來今前傳後受流沛祖師奉祀羅經二十四位尊神神針大將夾石大神定針童子
換水童卽水盞聖者起針神兵位向守護尊神魯班仙師部下神兵自龍檳榔一切神兵本
船護國庇民明著天后三界伏魔關聖帝君茅竹水仙五位尊王部下唱浪神兵白水都公林
使總管海洋灣裏里位正神本舶遇帶奉祝香火一切尊神乞賜降臨伏念大清國某省某
府某縣某保舡主某人與販某港涓于某月某日開駕下針虔修禮物祈保平安今日上針東
南西北無差往來過洋已行正路人船清吉海島安寧暴風疾雨不相遇暗礁沉石莫相逢求謀
遂意財寶自興來則流星去則降神稽首叩依無極珍重

地羅經下針神文

伏以神煙繚繞謹啓誠心拜請某年某月今日今時四直功曹
使者有功傳此爐內心香　奉請歷代御製指南祖師軒轅皇
帝周公聖人前代神通陰陽仙師青鴉白鶴仙師楊救貧仙師
王子喬聖山巾芋享凩山巾東尃山巾卜卜山巾奎弋龟辛口

《指南正法》之《定罗经中针祝文》

位向守护尊神，目龙杠棋一切神兵，本船随带奉祝香火一切尊神，等等。可见其所请之神大体一致，可与《地罗经下针神文》诸神相参证。

在《指南广义》中的《开洋下针请神祝疏》还提到了东西南北中央五方报事直符使者，九天玄女，马头陀、张仲坚、李定、柳仙列位先生，掌针大将，转针郎官，叶石大神，巡海夜人，海上虚空过往神明，等等。

海舶出洋时所需祭拜的过路神灵

船只往来经过珠江口外的万山群岛时，还要将"都公"请祀舟中。《东西洋考》对这位"都公"进行了介绍："都公者，相传为华人，从郑中贵抵海外归，卒于南亭门。后为水神，庙食其地。舟过南亭必遥请其神，祀之舟中。至舶归，遥送之去。"

《小琉球漫志》中也提道："至七洲洋，茫无岛屿，为通西洋必经之道。隆冬之际，北风迅发，至此暖气融融，人穿单衣。中外之界，自此分矣。乃具牲馔、笼金钱，陈于木板，投诸海面焚之，以礼海神。继鸣金鼓，焚楮帛，以礼所过名山之神。"

厦门往盖州的"敬神"单

在《厦门港纪事》中，还保留着一份自厦门往盖州的"敬神"单，其中就有常见的妈祖、王爷，也有较为少见的三盘六使爷、九使爷，以及各地福神：

大担妈祖，三盘六使爷，石岛妈祖，顺风相送神福。

金门城利王爷，白带门妈祖，青山头王爷。

磁头妈祖，精枝所妈祖，威海妈祖。

圳里王爷，旗头佛祖土地，菜碗庙岛妈祖。

湄洲妈祖，洋山老爷，到浅海神爷。

平海妈祖，上海洋老大，菜碗。

东佑妈祖，或往盖州。

宫仔前妈祖，吾商妈祖。

许屿内妈祖，诸位神福。

慈澳妈祖，大洋开针好事，神福菜碗或往胶洲。

北家头九使爷，青岛妈祖，或往天津。

北关妈祖，码头水土地。

  海洋作为人类在陆地以外另一个重要的活动空间，通过人与船将其与陆地的不同地域文明联系起来，这也使阻隔重洋的陆地交流成为可能。这些海上信仰现在看来，很多是荒诞无稽之说，但在过去，当人类面对大海的狂野时，无助、恐慌是本能的反应，而这种来自神灵的信仰力量，会帮助人们摆脱绝望，成为他们奋力求生的动力。

（林　瀚）

大国船舶的气魄

郑和船队七下西洋，航海足迹遍布亚洲、非洲30多个国家和地区，它是"地理大发现"的先导，其船队组织规模之大、航海设备和技术之先进，都是当时西方难以比拟的。

一代代的无名工匠把中国的海洋文明推向鼎盛，将中国人的伟大智慧写在了人类的航海史上。中国古船的演进不只是船体的单项进步，还有水下做功橹的发明减少了其暴露于空气时的动能消耗、广船尾舵上的小孔减小了调整航向时的阻力、竹篾帆能适应各个方向的风，还有人们对洋流、季风的探索和认识，等等。所有这一切造就了中国船史的辉煌，中国古人为人类探索海洋世界、沟通不同的文明做出了不少贡献。

马可·波罗所见中国海舶

马可·波罗在海外旅行时见到过福建产的船舶。他描写了这些船的样

泉州宋船局部，用铁钉钉连板材

子："其船舶用枞木制造，仅具一甲板。各有船房五六十所，商人皆处其中，颇宽适。船各有一舵，而具四桅，偶亦别具二桅，可以竖倒随意。船用好铁钉结合，有二厚板叠加于上……用麻及树油掺和涂壁，使之绝不透水。"中国船用木板拼接，用铁钉钉连，再使用桐油灰涂抹缝隙，遇到风浪船桅杆还可放倒。

船舶的人员配置和航行也有叙述："每船舶上，至少应有水手二百人，盖船甚广大，足载胡椒五六千担。无风之时，行船用橹，橹甚大，每具须用橹手四人操之。每大舶各曳二小船于后，每小船各有船夫四五十人，操棹而行，以助大舶。别有小船十数助理大舶事务，若抛锚、捕鱼等事而已。

郑和船队模型（泉州海外交通史博物馆展示）

大舶张帆之时，诸小船相连，系于大舟之后而行。然具帆之二小舟，单行自动与大舶同。"

马可·波罗看到大船上有二百个水手，两个小一些的船上也有四五十人。他所看到的更小的船应该是船上配的小舢板，便于摆渡作业。如果没有风力助帆的话，船员要临时用橹，大的橹很大，一些大型海舶操作大橹时远不止需要四个人，人数众多才能摇得动。中国的海船、航海技术、水手是中外贸易和文化交流的必要组成部分。

郑和船队宝船模型（泉州海外交通史博物馆展示）

史无前例的郑和船队

明永乐三年至宣德八年（1405—1433）的 28 年间，郑和船队在继承中国唐宋元以来先进造船、航海技术的基础上，开创了世界航海史上的伟大壮举，将中国古代的造船航海业推向高峰。据史料记载，郑和七下西洋，最多时率船 200 余艘，人员达 27000 余人，总航程约 16 万海里。其船队云帆高张，昼夜星驰，俨然一座移动的海上城市。这样一支气势宏伟的船队究竟由哪些船组成呢？

郑和船队的建造汇聚了全国各地的能工巧匠。船队有宝船、马船、粮船、座船、水船等多种船型。其中,最让人称奇的当属宝船,有下西洋取宝之意。宝船是船队中船型最大的船舶,据学者推测,其尺寸长为 125.65 米,宽为 50.94 米,总排水量约 1.5 万吨。宝船是能适应远洋水深、风大、浪高、潮猛等海况的尖底海船,其船型与福船为同一类型。

郑和船队七下西洋,航海足迹遍布亚洲、非洲 30 多个国家和地区,它是"地理大发现"的先导,其船队组织规模之大、航海设备和技术之先进,都是当时西方难以比拟的。郑和船队用丝绸、瓷器与海外诸国平等交换香料、珍宝,甚至还赠送对方礼物,以增进彼此的了解和友谊。东南亚许多地方至今仍保留着与郑和有关的文化史迹。

泉州作为郑和下西洋的重要驻泊地,为其提供了不少航海、造船和通晓外国语言与国情的人才。据说,郑和本人还到泉州灵山圣墓行香,在清净寺礼拜,还向天妃宫的妈祖祈求航海平安,并奏请修缮泉州等地的天妃宫。郑和的故事和传说流播世界各地,梁启超曾赞叹郑和下西洋航海利器之发达为"我大国民之气魄",其所反映的"国民气象之伟大,亦真不可思议矣"。

沉在海底的泉州造商船

出土于泉州的宋代海船,在所有发掘的古船中比较罕见,是一艘从海外回航时沉没的船舶,因为上面发现了大量的香料药物。相比之下,从海底发掘的泉州造海船大多是从中国出航时沉没在半路的,因为随船出水的

新安沉船复原模型（泉州海外交通史博物馆展示）

中国制陶瓷器和铜铁器非常多。

20世纪七八十年代，韩国人在韩国新安海域历时9年打捞出一艘沉船遗骸，发掘的文物数量惊人，有24000余件，其背后蕴藏着的丰富海洋商贸信息，有助于我们了解中国海船以及宋元的海洋贸易情况。元至治三年（1323），这艘海船从庆元（宁波）港出发到目的地日本博多港，却不幸在韩国新安海域沉没。新安沉船底部放置了27吨铜钱，总量多达800

万枚。其中大部分为中国铜钱，其数量之大，让人叹为观止。这说明宋元的中国货币有一定的国际货币功能，而铜钱也是铸造佛像或其他工艺品的原材料。陶瓷器也是新安沉船里的大宗商品，有中国各个窑口的产品，既有香炉、香瓶、香盒、花瓶、花盆，也有茶杯、茶壶、杯垫等。

据推测，新安沉船应当是泉州制造。沉船底部龙骨衔接处发现了"七星伴月"式保寿孔，与1974年泉州发掘的宋船制作样式一致，这是泉州独有的海船制造方式。新安沉船保寿孔内放置了七枚北宋时期的"太平通宝"，代表七星，另一大孔内放置了一面铜镜。令人惊异之处正是这面铜镜，这不是中国的铜镜，而是一面产自日本的龟甲纹铜镜。有人据此猜测这艘船是日本造的。也有人认为这艘船的船主或运营者是与日本关系紧密的人，他在泉州定做该船时要求放置这样的铜镜在龙骨内。船的样式也是福船样式，据推演，它尖头方尾，船甲板平衡宽大，船底却有刀刃一样的弧度，既能破浪前行又很平稳，船舱内也有与福船一致的水密隔舱结构。由此推测，这应该就是泉州造的福船。或许，宋元时期一些外国人或定居海外的华人也会定制购买泉州造的福船。

20世纪80年代，在中国广东阳江南部海域发现一艘后被命名为"南海Ⅰ号"的沉船。2007年，经过整体打捞入驻广东海上丝绸之路博物馆。从残存船体能看到水密隔舱、水线甲板、舵承孔、桅座夹等构件，考古共发现了十几万件的文物。船上载满了瓷器、铁器，尾尖舱里也装上了许多瓷器，能装满的地方全装满了。不知道是不是货物太满的原因，最后沉没在海里。1996 年，在中国西沙群岛永乐群岛南部，又发现一艘后被命名为"华光礁 1 号"的沉船。经考古发掘，这艘船只剩下船底部分，包括龙骨、龙骨翼板、肋骨、舱壁板等，出水上万件的瓷器、铁器、铜器等。

根据船型判断，人们认为这两艘船也属于福船。从满载的货物来看，人们推测这是两艘宋代的海舶。而从其货物的类别分析，人们猜测它们或许正是从泉州起航的。宋元正是泉州港繁盛的时代，这里是中外许多海舶的目的地和出发地之一，此时也正是东方重要的航海时代，福船无疑是其中一个不可或缺的符号。今后，人们可能还会从海下发掘出新的泉州造海船遗存，为中国航海历史增加新的考证资料，也为中国海洋文明掀开新的篇章。

（段燕飞）

从泉州出口"中国造"

中外商人不畏艰辛,涉风涛之险,闯异国他乡,将我国的陶瓷、丝绸、茶叶、金属制品,以及其他多种货物输往海外,让"中国制造"驰名世界。

马可·波罗描述泉州道:"刺桐是世界最大的港口之一,大批商人云集于此,货物堆积如山,买卖的盛况令人难以想象"。千百年前的"中国制造"——瓷器、丝绸、铜铁器、茶叶等货物从泉州出发,沿着前人辛苦开辟的航道,去往不同的国家。

广受欢迎的中国瓷器

在很长时间里,中国是世界上唯一生产瓷器的国家。瓷器质地细腻如玉,外观光亮如镜,造型优美,深受各国追捧。中国陶瓷是海上丝绸之路外销的主要商品,丰富了古代海上丝绸之路沿线国家人民的生活。中国陶

磁灶窑·绿釉双龙戏珠纹军持 宋代（泉州海外交通史博物馆藏）

瓷不仅在国内外许多港口城市考古发掘出土，也频频发现于国内外的水下沉船中，这印证了古老的海上丝绸之路也是一条"陶瓷之路"。宋元时期，泉州是中国南方重要的陶瓷生产基地，磁灶窑、德化窑、安溪窑、东门窑、南安窑等著名民窑的产品远销世界各地。

　　位于福建泉州晋江市磁灶镇梅溪两岸的磁灶窑，是宋元时期泉州重要的陶瓷外销窑口。这里烧制的陶瓷制品种类繁多、器形丰富，主要是生活用品和陈设器等，通过海上丝绸之路远销东亚、东南亚以及东非的许多国家和地区。军持、小口瓶均为其中的畅销品，宋代绿釉双龙戏珠纹军持和元代酱釉小口瓶便出自磁灶窑，它们分别高13厘米、18.8厘米，现藏于泉州海外交通史博物馆。宋元以后磁灶窑烧制的"龙瓮"除了内销外，还远销东南亚等地。

德化窑宋元时期也生产了许多瓷器供应世界。意大利旅行家马可·波罗赞叹这种瓷器物美价廉，还详细描述了德化瓷器的制作过程："人们首先从地下挖取一种泥土（瓷土），并把它堆成一堆，在三四十年间，任凭风吹雨淋日晒，就是不翻动它。泥土（瓷土）经过这种处理，就变得十分精纯，适合烧制上述的器皿。然后工匠们在土中加入合适的颜料，再放入窑中烧制。因此，那些掘土的人只是替自己的子孙准备原料。大批制成品在城中出售，一个威尼斯银币可以买到八个瓷杯。"明代时，福建泉州德化窑烧制出一种十分独特的白瓷，这种瓷釉色如脂似玉，人称"中国白""鹅绒白""象牙白"等。这件明代德化窑白釉琴鹤纹杯，便属于这种瓷器，它高6.4厘米，现藏于泉州海外交通史博物馆。

除了磁灶窑和德化窑，宋元时期泉州还活跃

磁灶窑·酱釉小口瓶 元代
（泉州海外交通史博物馆藏）

德化窑·白釉琴鹤纹杯 明代（泉州海外交通史博物馆藏）

着很多大大小小的瓷窑。比如福建泉州安溪（古称清溪）县一带，瓷土储量大、分布广。这一地区出产的瓷器以青瓷、青白瓷、青花瓷为主。这件青花花卉寿字纹酒壶便出产于安溪窑，它高 14 厘米，现藏于泉州海外交通史博物馆。值得一提的是，安溪青花瓷作为中国重要的外销商品之一，在坦桑尼亚、印度、斯里兰卡，以及东南亚等国家和地区都有发现。

从泉州港销往世界各地的瓷器，不限于泉州本地出产的，还有大量来自景德镇窑（窑址在今江西景德镇）、义窑（窑址在今福建闽清）、建窑（窑址在今福建南平市建阳水吉镇）、龙泉窑（窑址在今浙江龙泉）、吉州窑（窑址在今江西吉安）等著名窑口的瓷器。这些名窑烧制的精品大量经由泉州港远销海外。据南宋宝庆年间（1225—1227）担任泉州市舶司提举的赵汝适所撰的《诸蕃志》记载，当时从泉州港输出的瓷器包括青瓷、

安溪窑·青花花卉寿字纹酒壶 清代（泉州海外交通史博物馆藏）

白瓷、青白瓷等，以及陶质粗瓷，在诸多与泉州有贸易往来的国家和地区中，有一半以上参与了泉州的外销瓷贸易，销售范围包括亚洲和东非的许多国家和地区。

最美纺织品丝绸

　　泉州开元寺内有一棵千年古桑树，至今枝繁叶茂，似乎在提醒人们：别忘记这里的养蚕业与丝织业曾经冠绝一时。宋元时期，泉州有"织染为

义窑瓷器 宋代（泉州海外交通史博物馆藏）

天下最"的美名。元代，摩洛哥旅行家伊本·白图泰在游记里盛赞美丽的"刺桐缎"："此城（刺桐城，即泉州）甚壮丽，织造绒及一种名称'刺桐缎'之缎子，较之行在（杭州）、汗八里（北京）所织之缎为优。"在伊本·白图泰眼中，刺桐缎可比杭州、北京所织之缎更好。《诸蕃志》中记载，古代泉州的丝织品曾远销至今天的日本、朝鲜、越南、柬埔寨、印度、斯里兰卡、菲律宾、印度尼西亚、马来西亚、坦桑尼亚等国。泉州是宋元时期国内丝织品行销海外的重要港口，这些纺织品有几十种之多，据

开元寺内古桑树

三司布帛尺 宋代（泉州海外交通史博物馆藏）

《诸蕃志》及《岛夷志略》的记载，泉州出口的丝绸类商品有锦绫、缬绢、皂绫、软锦、罗、异缎、建阳锦、五色绢、色缎、龙缎、红绢、花色宣绢、䌷绢衣、五色䌷鞋等，布类则有青布、印花布、青白土印布、绿布、水绫丝布、塘头市布、五彩红布等。在泉州城区便出土了一件宋代三司布帛尺，该尺由官府掌造，主要用于征收布帛。直到明清时期，泉州仍是福建的丝织品织造中心。

丰富的金属制品

除了我们比较熟悉的陶瓷、丝绸等"中国制造"外，铁器和铜、铁钱也是泉州远销海外的主要产品。早在五代十国时期，中国的铜铁制品便远销海外。有这样一种说法："陶器铜铁，泛于蕃国，取金贝而还"，指的是在10世纪时，陶器、铜铁制品经泉州大量销往海外，换回了金银珠宝等。

泉州安溪县青洋村（早期名为青阳村）曾是宋代官方设立的专职铁场之一。据调查发现，宋代安溪有多处大型铁场，青洋村整个村庄几乎为冶铁遗址。而安溪青阳下草埔冶铁遗址是其中规模最大、最为典型的遗址，是泉州地区宋元时期块炼铁冶炼的代表。宋元时期泉州出口的金属及其制品有金、紫金、金首饰、金器、银首饰、铜鼎、铜锅、铜盘、铁块、铁条、斗锡、铅等。在"南海Ⅰ号"沉船中，考古工作者发现了大量的铁锅、铁钉等铁器，这进一步证实了当时金属制品贸易之盛。

甘美饮品茶和多种出口货物

700多年前，意大利犹太商人雅各来到泉州。在这里，他注意到一种用灌木小叶子做成的饮料很受当地人欢迎，这种叶子便是茶叶。宋朝时，泉州的茶叶已经远销海外。有资料描述这时的安溪茶"其味尤香，其功益大，饮之不觉两腋风生"，意思是安溪茶甘美醇香，喝了之后让人有飘逸的感觉。宋元时期，安溪的茶业已具备产业化雏形。17世纪以后，在进入欧洲市场的大量中国茶中，安溪茶已占有一定比例。如今，安溪铁观音（介于绿茶和红茶之间，属于半发酵茶）更是闻名海内外。

除了大宗商品外，泉州出口的货物还有书籍、漆器、工艺品等手工业商品，以及米、糖、盐、茶、酒、药材、水果、果脯等农副产品。宋代是中国雕版印刷普遍发展的时代，书籍是古代泉州港重要的出口商品，多远销日本，以及朝鲜半岛和东南亚地区。出口的工艺品及日用品包括乐器、伞、梳等，其中乐器有鼓、鼓瑟、琴、阮等，梳有木梳、牙梳、篦等。《宋会要辑稿》记载，宋时通过市舶司输出的中药材达 60 多种，主要有朱砂、茯苓、附子、石韦、南藤、大黄、郁金、肉桂、高良姜、川芎、白芷等。中外商人不畏艰辛，涉风涛之险，闯异国他乡，将我国的陶瓷、丝绸、茶叶、金属制品，以及其他多种货物输往海外，让"中国制造"驰名世界。

（陈颖艳）

征服世界的东方美瓷

建盏釉色黑、胎微厚、保温佳,是斗茶首选。因此,黑釉盏便成为宋人品鉴茶汤时的最佳选择。

　　泉州瓷器生产技术发达、制作工艺先进,有一批批成熟的工匠艺人,为世界打造了许多热销品。他们根据阿拉伯人的金银器造型生产了六棱执壶,根据东南亚饮食需求生产了大盘、大碗。而军持是一种用来装水、可随身携带、能随时净手的器物,原被佛教徒随身携带用来贮水和净手,后来被东南亚等地的穆斯林广泛使用,泉州德化和晋江便生产了大批外销军持。晋江磁灶窑还烧造过一种外销特色产品——龙瓮,其上龙的纹饰盘绕,龙首、龙身、龙尾、龙爪、龙须、龙目都清晰可辨,很是鲜活。这件清代酱釉双龙戏珠纹瓮便是其中之一,它高 68 厘米,现藏于泉州海外交通史博物馆。龙瓮原本是用来盛水或装咸菜及其他东西的器物,谁知传入东南

磁灶窑·酱釉双龙戏珠纹瓮 清代（泉州海外交通史博物馆藏）

亚后身价倍增，或许是瓮上龙的形象引起了该地区一些部落的注意，他们把这样的瓮当作圣物珍存，并代代相传，视为神秘的法宝。一些土著居民把它当作葬具，有的地方还形成了一个崇拜龙瓮的特殊节日叫"圣瓮节"。泉州港向世界输出了许多东方韵味的瓷器作品。

德化窑·青白釉印花四系罐 宋代（"南海Ⅰ号"考古队藏）

教堂和油画里的德化窑瓷罐与瓷杯

  泉州港海外贸易兴盛，大量德化窑瓷器行销海外，其中的精品还被欧洲等地贵族收藏。如今，在威尼斯的圣马可大教堂还藏着一件泉州德化窑瓷罐，据说是由马可·波罗带回威尼斯的，被称为"马可·波罗罐"。广东阳江海域发现的南宋商船"南海Ⅰ号"中也出水了大量的德化窑陶瓷。令人感兴趣的是，"南海Ⅰ号"中出水的德化窑青白釉印花四系罐，与威尼斯圣马可大教堂中的"马可·波罗罐"十分相似。它高9.7厘米，现由"南海Ⅰ号"考古队收藏。雅克·安德烈·约瑟夫·阿维德清乾隆十五年（1750）所绘的《布里昂夫人饮茶坐像》油画，现被美国西雅图艺术博物馆收藏。

德化窑·乳白釉犀角形花口杯 明代（泉州海外交通史博物馆藏）

为了迎合潮流，油画里布里昂夫人周围布置着异国物件，壁炉架上的中国瓷器便是德化窑生产的犀角杯，这可能是她异国藏品中最为瞩目的一件。泉州海外交通史博物馆藏有一件明代德化窑乳白釉犀角形花口杯，它高6.1厘米，与油画中的犀角杯非常相似。这些素雅白瓷所蕴含的东方技艺与美学不知为多少外国人所钟爱。

东方珍品观音瓷塑

这尊渡海观音立像，为国家一级文物，是泉州海外交通史博物馆的重要藏品之一。它高46厘米，造型线条圆润柔和。观音眉眼低垂，双唇微抿，

德化窑·何朝宗款渡海观音立像 明代（泉州海外交通史博物馆藏）

"何朝宗印"篆字印章

脸部表情平静安详。双手作拱，藏于袖内。衣纹皱褶疏密有致，取临风飘拂之姿，飘逸柔和，与细腻的面部刻画形成强烈对比。脚下浪花飞溅，波涛汹涌。一足踏于莲花上，一足没于水中，飘然若渡海态。其胎质致密，釉色纯净，呈象牙白色，如脂似玉。背部小方框内盖"何朝宗印"篆字印章。瓷塑造像难度很高，何朝宗的渡海观音立像是德化窑瓷塑作品中的佼佼者。

泉州德化窑瓷器类型丰富，题材广泛，既有雕塑造像、陈设供器，又有文房雅玩、日常用品等，其中以佛教和道教人物形象为题材的雕塑造像尤为知名。特别是以何朝宗为代表的一批瓷塑艺术大师，把德化白瓷的艺术创作推向巅峰，闻名天下，而何朝宗的雕塑作品也成为"中国白"的经典之作，被视为东方艺术珍品。

玛利亚观音

日本东京国立博物馆也收藏有几件明清时期的德化窑珍贵文物，这些德化窑的白瓷有着耐人寻味的奇特名称——玛利亚观音。16世纪末至17世纪初，随着欧洲商船驶入日本，基督教在日本逐渐兴盛，其思想冲击了日本等级森严的封建体制，对刚刚建立的幕府政权产生了巨大威胁。17世纪开始，日本江户幕府下令禁止基督教，一批隐匿信仰的日本基督教徒，只好供奉观音以替代他们心中的圣母玛利亚，而传教士也秘密将圣母玛利亚伪装成观音的形象加以传教。于是在日本工艺美术史上，留下了一批玛利亚观音塑像。这或许是因为观音与圣母玛利亚形象有一定的相似度。送子观音怀抱婴儿，与基督教手抱圣子耶稣的圣母玛利亚形象相似，二者都轻托婴儿，宛如现实生活中的慈母。据记载，16世纪初葡萄牙人来到中国时，也曾把送子观音看成是手抱圣子耶稣的圣母玛利亚的翻版。

斗茶神器黑釉盏

宋人饮茶极其钟爱黑釉茶盏，这与当时流行的"点茶""斗茶"风尚有关。北宋蔡襄《茶录》载："茶色白，宜黑盏。建安所造者绀黑，纹如兔毫。其坯微厚，熁之久热难冷，最为要用。出他处者，或薄或色紫，皆不及也。"我们从中可知，宋人斗茶，追求茶色白，需要黑色的茶盏才能更好映衬。建盏釉色黑、胎微厚、保温佳，是斗茶首选。因此，黑釉盏便成为宋人品鉴茶汤时的最佳选择。黑色釉面本不是讨喜的色彩，但能工巧

建窑·黑釉兔毫盏 宋代（泉州海外交通史博物馆藏）

匠利用釉中所含氧化金属的呈色原理，烧制出兔毫、油滴、曜变等丰富的黑釉瓷器品种。这件宋代建窑黑釉兔毫盏，便是典型之一，它高7.5厘米，现藏于泉州海外交通史博物馆。以建窑黑釉盏为代表的黑釉瓷器在日本备受推崇，一些精品还成为日本的国宝传承至今，想必这也是中国文化影响力的一个重要表现。

（陈颖艳）

万国番货汇聚泉州

早在五代十国时期，泉州港就大量进口国内难得一见的海外商品，这可让我国北方的君主们艳羡不已。比如来自古波斯的孔雀蓝釉陶瓶，它釉色晶莹，造型优美。

热热闹闹迎番货

当中外商船满载舶来品抵达刺桐港时，人们将各种各样的番货（进口货物）运至城里，抬到各处去吆喝，广而告之，吸引群众前来购买。泉州海外交通史博物馆展示的"迎番货"场景，是宋元时期泉州帆樯林立、番商云集的东方大港的一个剪影。其中最引人注目的就是"迎番货"队伍正中间盛装打扮的波斯女，她手拿番货，不时更换物品，并摆弄简单的舞姿。这时全城涌动，无论是官员、贵族，还是普通民众都翘首以盼，欢呼雀跃，绵延数里，场面十分热闹。

西方旅行家说，这里"货物堆积如山"，"你可以找到来自世界最遥

"迎番货"场景（泉州海外交通史博物馆展示）

远地方的商品"。泉州海外贸易在宋元时期达到鼎盛，一年到头都像一个巨大的交易市场。元代航海家汪大渊的著作《岛夷志略》中记载，当时与泉州进行通航贸易的国家与地区有近百个，遍及东北亚、东南亚和南亚，还有中东、东非等地区。泉州进口的物品主要有香料药物、宝物珍玩、日杂百货、军事用品等。

古波斯孔雀蓝釉陶瓶

早在五代十国时期，泉州港就大量进口国内难得一见的海外商品，这可让我国北方的君主们艳羡不已。比如来自古波斯的孔雀蓝釉陶瓶，它釉色晶莹，造型优美。这件文物高78厘米，是从福州北郊的一个古墓葬中发掘出来的，墓主是五代闽国第三主王延钧的妻子刘华。孔雀蓝釉，是一种以铜元素为着色剂的低温彩釉，这种釉陶器起源于古波斯地区。波斯孔雀蓝釉陶瓶目前国内发现稀少，它的造型、釉色和纹饰，与伊拉克、巴基斯坦、伊朗等地出土的器物相似度很高。五代十国时期，闽国积极发展海外贸易，这件漂亮的孔雀蓝釉陶瓶，极有可能是通过泉州或福州的港口从西亚地区流传到福建的。

侨居泉州阿拉伯海商的珠宝

作为宋元时期进口珠宝的重要港口，泉州地区外商云集。来自波斯湾巴林的阿拉伯海商佛莲，他长年生活在此，居住于泉州城南，非常富裕，是泉州风云

波斯孔雀蓝釉陶瓶 五代十国（泉州海外交通史博物馆藏）

人物蒲寿庚的女婿，从事珠宝、香料贸易。这位成功的商人在当地拥有至少80艘海船的庞大船队。他去世时，家中竟"见在珍珠一百三十石"。由于泉州进口的宝石丰富多样，宋代泉州本地富商的夫人往往会佩戴珠宝以彰显富贵。意大利犹太商人雅各看到"这些富商们每次设宴招待客人，夫人们都装扮得特别漂亮，头上戴的冠有许多珠宝"。随着经济发展，达官贵人、富裕商贾对海外商品的需求量愈来愈大。来自亚洲各地，以及更远地方的宝物珍玩流入泉州，有金银、珍珠、珊瑚、玳瑁、翠羽、玛瑙、琉璃、红宝石、琥珀、鹤顶、骏马等。

让外国人受到嘉奖的乳香

宋代政府鼓励外国商人来华贸易，甚至还会对贡献巨大的外商进行嘉奖。南宋绍兴六年（1136），提举福建路市舶司描述了一个典型案例：大食商人蒲啰辛为了开展贸易，造了一艘船。他载运了一船的乳香到中国，泉州市舶司从中抽解了三十万贯。市舶司奏请优待像蒲啰辛这样勤劳有贡献的商人。蒲啰辛被宋朝授予"承信郎"，朝廷还赐予他官家公服、鞋履和该级官职所用笏板。宋朝如此嘉奖蒲啰辛是为了招徕远方商人，希望外商们得知后更有积极性，多多运送乳香等海外商品来华贸易。如果其他外商也能像蒲啰辛一样载运如此多的乳香到中国，那么他们也将会得到同样的奖励。由于宋朝政府对海外贸易的重视，来中国开展贸易的外国商人日益增多。

泉州宋船出土乳香（泉州海外交通史博物馆藏）

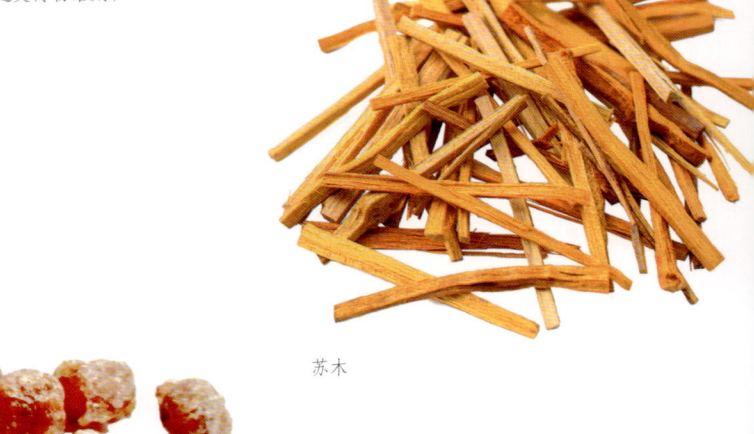

苏木

没药

乳香主要产自阿拉伯半岛东南部和非洲索马里等地区，是用橄榄科植物乳香树渗出的树脂制成的，除了作为制香的原料外，还具有药用价值。宋朝时，中国对乳香的需求量很大，推动了乳香进口贸易的发展。北宋早期，泉州向朝廷进贡的贡品中，包含乳香数万千克。到了南宋乾道三年（1167），在占城（今越南中南部）使臣运到泉州的货物中，各色乳香达到了几万千克。

乳香只是进口香料的冰山一角，宋代进口香料还包括沉香、降真香、龙涎香、檀香、金颜香、笃耨香、速香、安息香、暂香、黄速香、生香等。进口的药材有苏木、肉豆蔻、没药、胡椒、丁香、木香、苏合油、血竭、茯苓、人参等，日用品有吉贝布、番布、高丽绢、绸布、松板、杉板、罗板、席、折扇等，军事用品有硫黄、日本刀、皮货、筋角等。

（陈颖艳）

清香袅袅『栴檀绕』

"栴檀"即檀香，泉州到处弥漫着这样的香气。宋元时期，香料风靡泉州城，泉州进口的香料品种多、数量大、用途广。

海上丝绸之路的香料贸易很频繁，故又称"香料之路"。早在唐五代时，泉州已大量进口香料。北宋开宝九年至太平兴国二年（976—977），陈洪进给宋朝廷进贡的海外贸易品有乳香、木香、白龙脑、龙脑、白檀香、苏木、胡椒、阿魏、没药、玳瑁等，其中乳香、白檀香等的进贡量达到了万斤乃至数十万斤。南宋时期，泉州进口的香料数量更大。南宋建炎四年（1130），泉州抽买乳香13等，近8.68万斤。宋代进口的香料，主要来自大食、渤泥、三佛齐、阇婆、真腊、占城等。据赵汝适《诸蕃志》载，占城出沉香、速暂香、生香、麝香木、象牙；真腊出沉香、速暂香、生香、麝香木、象牙、金颜香、笃耨香、黄熟香、苏木、白豆蔻；阇婆出沉香、檀香、丁香、降真香、白豆蔻、胡椒；渤泥出降真香、玳瑁；三佛齐出安息香、沉香、檀香、降真香；大食出乳香、没药、血竭、苏合香油、丁香、木香、象牙、龙涎等。

关于进口香料的盛况，北宋绍圣二年（1095）泉州永春知县江公望对其作了生动描述："海船通他国，风顺，便食息行数百里。珍珠、玳瑁、犀象、齿角、丹砂、水银、沉、檀等香，希奇难得之宝，其至如委。巨商大贾，摩肩接足，相刃于道。"关于进口香料的珍贵性，南宋淳熙十五年（1188）泉州海商王元懋从占城归帆，所载"货物、沉香、真珠、脑麝价值数十万缗"，香料中以龙涎香最为昂贵，"每两与金等，舟人得之则巨富矣"。宋代二钱龙涎香可达二三十万缗。

元代运抵泉州的胡椒数量也很惊人，"亚历山大或他港运载胡椒一船赴诸基督教国，乃至此刺桐港者，则有船舶百余"。元末明初时，僧人释宗泐在诗中写道："泉南佛国天下少，满城香气栴檀绕。""栴檀"即檀香，泉州到处弥漫着这样的香气。宋元时期，香料风靡泉州城，泉州进口的香料品种多、数量大、用途广。如今，泉州的一些阿拉伯人后裔仍在从事香料的制作与贸易，并且保留了用香料、香花敬奉祖先的习俗，泉州依然是重要的香制品生产基地。

焚香风俗

进口香料常被贵族官僚阶层用于祛除秽气、净化环境，在宗教和祭祀

胡椒子

檀香

降真香

泉州宋船出土香料药物（泉州海外交通史博物馆藏）

仪式中也常常使用，还用作饮食作料、医药药剂和工业原料等。香料对于文人贵族们来说是一件风雅之事。宋代"赵清献公好焚香，尤喜薰衣。所居既去，辄数月香不灭。衣未尝置于笼，为一大焙，方五六丈，设薰炉其下，常不绝烟。每解衣，投其间"。一般平民也受其影响，泉州人每岁除，家无贫富，燃降真香如"燔柴"。香料在宗教祭祀等活动中的使用也很频繁。宋徽宗崇尚道教，崇宁年间（1102—1106），"郡道士无赖，官吏无敢少忤其意。月给币帛、囗（朱）砂、纸笔、沉香、乳香之类，不可数计，随欲随给"。北宋宣和二年（1120），张佑任泉州市舶司提举，朝廷颁御香，至泉州通远王庙殿焚之。而当时流行于浙江、福建一带的明教（摩尼教）"烧必乳香，食为红蕈，故二物皆翔贵"。可见，焚香已成为古代社会各阶层在不同场所的重要习俗，今天焚香的习俗以及香道文化依然在中国传承着。

香料入药

1974年出土的泉州湾宋代海船，随船出土物丰富，有香料药物，木货牌、签，钢、铁器，陶、瓷器，铜、铁钱，竹、木、藤、棕、麻编织物，文化用品，装饰品，皮革制品，果核，贝壳，动物骨骼及其他物品等，其中香料药物数量最大。香料药物中有降真香、沉香、檀香和胡椒子、槟榔、乳香、龙涎香、朱砂、水银、玳瑁等。香料木占出土物总数的绝大多数，未脱水时其重量达4700多斤。它们分布于各舱，而以第三、四、五舱为最多。

杨梅核

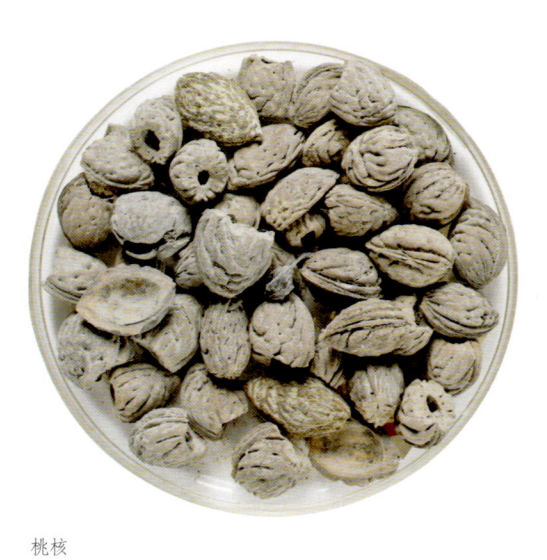

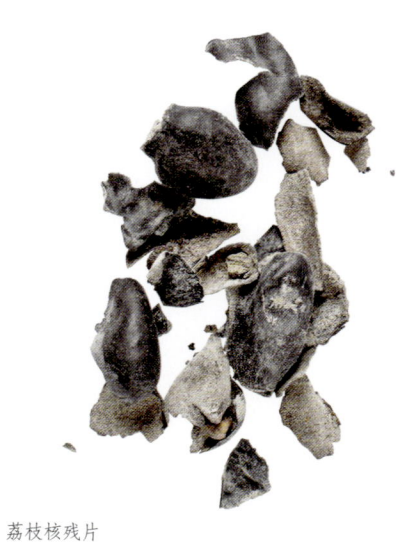

李核

桃核

荔枝核残片

泉州宋船出土果核（泉州海外交通史博物馆藏）

198

香料中降真香最多，檀香次之。

宋代海船进口的药物，其功效在古代医书中都有记载。乳香为活血、祛瘀、定痛的要药，在治疗外科疾病方面，具有止痛、生肌的作用。降真香，理气、止血、行瘀、定痛。龙涎香，行气活血、散结止痛、利水通淋。檀香，理气、和胃。胡椒，温中、下气、清痰、解毒。槟榔，杀虫、破积、下气、行水。玳瑁，清热、解毒、镇惊。沉香，降气温中，暖肾纳气。

宋代以前，进口药物多数只作为辟秽的香药之用，在医方中使用不多。到了宋代，进口的大量药物在临床上广泛使用，出现了许多进口药物组成的医方，如乳香没药丸、玳瑁丸、槟榔丸、檀香汤、调中沉香汤、胡椒汤等。乳香一药在宋代以前，外科使用不多，到了宋代，经实践认识到乳香具有活血、止痛、生肌的功效。宋代医学家陈自明认为，"凡疮疡皆因气滞血凝，宜服香剂，乳香能行气通血也"。玳瑁一药，宋代以前不作药用，宋代开始在医方中采用玳瑁。据《本草纲目》记载，玳瑁"古方不用，至宋时，至宝丹始用也"，当时由玳瑁组成的成药有至宝丹、返魂丹、玳瑁丸等。

槟榔为礼，香木为像

在泉州湾宋代海船的第三、六、九、十一、十二等舱出土了51粒（块）槟榔及其碎片，其中完整的有17粒，残缺的11粒，还有23块碎片。这些槟榔出土时呈黑色，最大的直径2.5厘米，最小的直径1.8厘米。宋代以前，槟榔应用于杀虫、行水等方面，宋代对槟榔的临床应用有了新的发

泉州宋船出土槟榔（泉州海外交通史博物馆藏）

展，认为其对健脾调中、除烦破结有一定的治疗作用。所以宋代就有以槟榔为主药组成的槟榔丸、槟榔散等，用来治疗心腹胀满、不能下食、四肢烦满等病症。

槟榔除了药用外，还成为泉州重要的礼俗佳品。"里间朋友，吉凶庆吊，皆以槟榔为礼"，"东家送槟榔，西家送槟榔"，槟榔代茶成为古代泉州招待客人的重要方式。当时还盛行喝槟榔酒，酒税成为宋朝重要的财政收入之一。宋时"三佛齐取其（槟榔）汁为酒，商舶兴贩，泉广税务岁收数万缗"。直至清朝，泉州食槟榔的习俗还很普遍，乾隆五十六年（1791）重修泉州车桥后，在《重修车桥碑记》中写着"修竣之后，桥上两旁，毋许排卖槟榔冷水、时果等",清政府不让人们在桥两边卖槟榔冷水。可见槟榔在当时已是人们生活中的常备食品。

香料的大量进口对中国社会产生了不小的影响。宋代以麝香木为器用,以檀香木雕刻佛像,还有人将檀香木像葬于山谷。雅各在游记中还记载了中国人喜欢将香料木用于建筑,"味道甜美的树,特别是檀木和芦荟,中国的贵族以及有钱的商人都非常看重,他们在房屋的支柱以及大门上都使用这些东西。贩运这些东西,可以从他们那儿得到很大的收益"。香料的影响是深远的,人们对洁净、儒雅、超脱的兴趣也是浓厚的。

(陈颖艳)

海路上的东方影响

中国的货币曾在日本、越南等国家的市场上流通，为他们的货币发展做出了贡献。中国的铜钱货币甚至也造成过日本国内的通货膨胀，最远还被出口到非洲。

有一个流传已久的故事，被人们称为"鸡雏出，唐船来"。在印度尼西亚的一个叫文老古的岛屿，酋长总是盼望着中国船的到来。他们这里养了一种五梅鸡。每年当第一只鸡雏破壳而出时，便有一艘唐船到来；当第二只鸡雏出生时，第二艘唐船便来了。或许，这种鸡雏的出生时间正好与每年的季风对应上，中国船来时正好也是它们问世的时间。许多海岛上的人民对唐船充满期盼，贸易既带来了财富也丰富了生活。宋元时期，泉州的商船和商人遍布世界各地。其实，真正有吸引力的是中国宋元时代船舱内的货物，它们是中国国家制造力和文化号召力的体现。

泉州商船模型（泉州海外交通史博物馆展示）

产品影响

在东南亚文莱，当代的考古学家们在甜桔子河遗址发现了大量遗物，其中也包含许多的瓷器残片，有磁灶窑、遇林亭窑、龙泉窑、景德镇窑等中国多个地区窑口的产品。这个遗址由临水居民的生活废弃物堆积而成。这些产品或许正是宋代从中国泉州装船运出的。不仅文莱，中国瓷器的影响范围涉及世界各地，东南亚的印度尼西亚、菲律宾、泰国等地都发现过

泉州宋船出土铜钱"宣和通宝"（泉州海外交通史博物馆藏）

大量的中国产瓷器。非洲埃及的福斯塔特发现了1.2万多件中国瓷器，坦桑尼亚的基尔瓦岛也发现了中国瓷，其中便都有泉州德化窑的白釉碗等瓷器产品。这样的发现比比皆是，并不是偶然。

中国铜钱等金属制品也是一种重要的影响世界的产品。比如新安沉船底部放置了27吨的铜钱，总量多达800万枚，船行海上时还可当作压舱的重物。其中中国铜钱数量巨大，难怪当时的中国政府要严禁铜钱外流，纸币也在同时期被发明出来。1974年出土的泉州湾宋代海船上，也可见铜钱的身影。中国的货币曾在日本、越南等国家的市场上流通，为他们的货币发展做出了贡献。中国的铜钱货币甚至也造成过日本国内的通货膨胀，最远还被出口到非洲。这说明宋元的中国货币在当时是具有一定国际货币功能的。

中国影响世界的产品还有很多。意大利犹太商人雅各回航时便在泉州采购了许多如中国的丝织品等货物。他购买了五颜六色的丝绸产品，有一种绿黄相间的丝绸衣料的工艺是世界各地很少见的。他还买了刺桐缎，上面缀满小珍珠，世界上很少看到如此富丽堂皇的丝织品。此外，他还采购了口感很好的食糖，治疗肾脏和胃病的红花，治疗牙齿的油膏，治疗便秘的山扁豆，以及中国产的生姜、靛蓝、明矾、纸张、油漆、桂皮、樟脑等。他将中国产品销往海外，挣得的利润极度丰厚。

人才与文化输出

泉州海洋交往的发达还体现在人员、文化的对外输出。古代，泉州与高丽的贸易往来很频繁。苏轼在《论高丽进奉状》中说"福建一路多以海商为业"，在《乞令高丽僧从泉州归国状》中说"泉州多有海舶入高丽往来买卖"。据史料记载，北宋大中祥符八年至元祐五年（1015—1090），泉州到高丽的出行案例有19起。其中的16起是商人，另外3起则是国内不得志的儒生到外国寻找机遇。《宋史·高丽传》中记录高丽的"王城有华人数百，多闽人因贾舶至者，密试其所能，诱以禄仕，或强留之终身"。或许是出于对良好且先进的中国教育信任、向往的缘故，高丽的统治者比较重视从中国福建来的人群。他们秘密试探并从中找到优秀人才，然后给出有诱惑力的条件，必要时就直接强留下他们。比如泉州人刘载在高丽睿宗时（1106—1122）官至尚书右仆射，泉州海商欧阳征在高丽显宗时（1010—1031）被封为谏官左右拾遗，泉州商人肖宗明在高丽文宗时（1047—1082）被封为权知阁门祗候。

沉在韩国海域的新安沉船，有人推测它的运营者可能是在中日之间来往非常频繁的人。宋元时期，日本博多有很多宋商，他们专注于中日之间的海上贸易。为了更好地融入日本，有的人娶日本女人为妻，并与本地的权贵和大寺庙建立了良好的联系；有的人既有中国名也有日本名，懂得两国的语言。日本文献中"纲首"的意思是，居住在博多、拥有海船并从事中日贸易的宋商。博多出土的许多宋代瓷器外底圈足便书写着"王纲""丁纲""柳纲"等字样，这些纲首中应当有来自泉州的商人吧。他们就像在泉州的阿拉伯人联系与东南亚国家，以及印度、阿拉伯的贸易一样，联系着中日之间的海路贸易。随着海贸的繁盛与人员的流动，日本的福建人越来越多，他们的信仰也需要有寄托之处，于是明清时期有不少的泉州籍僧人远渡日本，建立寺庙，担任住持。他们促进了佛教文化在日本的传播，同时也促进了日本的建筑、雕塑、书法、绘画、饮食与医药业的发展。

琉球在古时是一个岛国，距离中国不远。琉球原本"缚竹为筏，不驾舟楫"，是古代东亚、东南亚众多国家中最贫穷的一个地方。明清时期，中国官方册封琉球王国达 23 次之多，册封使团中包含医生、书画家、僧

古代琉球民俗活动纸扎作品
琉球国王即位之时举办册封活动的场景（泉州海外交通史博物馆展示）

人及各种专业人才，促进了中琉关系以及琉球的技术发展。明洪武年间（1368—1398），官家还特"赐闽人三十六姓善操舟者，令往来朝贡"。这三十六姓包括海员、翻译、文人、医生、船工等。他们及其后代定居在琉球，对琉球的造船、航海、文化、习俗、语言、制度产生了深远的影响。古代泉州是中琉交往的一个重要港口，三十六姓中应当有泉州人，而其中有明确记载的是蔡姓。今天，学者在探访琉球故地时，发现当地的祭祀、丧葬等习俗和建筑风格都与泉州极为相似。比如，他们建有与泉州相似的孔庙，众多屋顶、门口的狮子雕像以及石敢当都与泉州有着不可磨灭的渊源。

滨海的泉州自古便有许多人远赴海外谋生、定居，泉州影响海外的例证是中国海洋文明的一个缩影。

和平的商贸业

中国人适应规则、敬重商业、尊重不同的习俗，积极开展贸易。虽然元代统治者曾命令泉州等地制造海舶征战海外，但这样的事例并不占主体。郑和船队上百艘船舶、上万人一同航海世界，从未有侵略、殖民他国他民族的目的，而是与人为善、和平贸易。

我们来看一个海贸故事，看看古人是如何开展贸易的。宋代，菲律宾的麻逸国有千余家绕溪而居。这里人的着装方式是披布或以腰布蔽体，草野里散布着不知从哪里来的铜佛像，盗匪也很少。中国商船到该国境入港后，停泊在市场的城门前，人们登舟相互杂处。麻逸国的酋长每日都用白伞，因此中国商人们必会赠予他们白伞以作为礼物。在这里交易的常例是，本地的商贩来了之后，一些搬货工会随他们将货物搬取到竹筏上，久而久之中国商人便认识了这些搬货的人，货物并不会遗失。本地商贩便将所载运货物转到其他岛屿交易，到八九月份才回来，然后将所得如实偿付给来

宋元泉州市场上中外商人和平贸易场景（泉州海外交通史博物馆展示）

自中国的船商，当然也有当地商贩到时间了还没回来。因此中国商人到麻逸经商经常是最晚归来的。这里土产黄蜡、吉贝、珍珠、药槟榔等，中国商人用瓷器、货金、铁鼎、五色琉璃珠、铁针等进行交换。

上面的故事是《诸蕃志》中所记中国商人到麻逸国贸易的场景，该书行程以泉州为起始港。这个故事虽不能完全当成通例来看，但其中所表现的和平商贸与商业信任却是值得推崇的。该书也记录了中国商人到有的岛屿后，要押部落的人质才敢开展贸易，还有的商船要携带厨师宴请当地统治者以便开展交易。我们从史书记载的小事中，看到了中国商人适应环境、尊重习俗的商贸习惯。或许，这是更有利于海上丝绸之路发展的一种商业模式，每个国家和地区都能从中得到自己所需，共同推进世界海洋贸易的发展。

（段燕飞）

中国海洋之韵

作为东方的世界海洋贸易大港,泉州承载着人类的航海记忆和海上商贸传奇,见证了古典风帆贸易时代的历史,是东西方文明交流互鉴的杰出代表。

五娘:"海天漠漠水云横,斗酒篇诗万里情。尘世纷争名与利,何如仗剑客中行。温陵陈伯卿题。"益春:"温陵在何处?"五娘:"就是泉州。"

一把纸扇,一块手帕,一把荔枝,一顶雨伞,一段突破重重枷锁的爱情故事。这是泉州梨园戏《陈三五娘》,讲述的是闽南的爱情故事,传唱了数百年。这段戏曾是移居海外的闽南儿女思念故土、牵挂乡音的心灵珍宝。

古代来到泉州的外国人能欣赏到许多剧团的表演。《光明之城》记录着宋代泉州东门附近,"至少有一百个剧团,每一个剧团都站在自己舞台上,剧团周围都有一大群人,一些人在等着演员的台词和乐队的奏乐"。

宋代泉州东门看戏场景（泉州海外交通史博物馆展示）

泉州拥有南音、梨园戏、木偶戏、高甲戏、打城戏等许多传统艺术。梨园戏被称为"宋元南戏活化石"，南音（2009年被列入联合国教科文组织人类非物质文化遗产代表作名录）则是全中国古朴的乐种之一，被誉为"中国音乐的活化石"。对于海外侨胞来说，它们是故乡之音，是不可泯灭的精神纽带。

中国古代历史上，北人多次大规模南迁，他们把黄河、长江流域先进的文化和技术带到了泉州。唐代以来的大航海贸易，使得来自海外的文化大量融入泉州的固有文明之中。明清以后，泉州出现海外移民潮，移民者把泉州文化带到东南亚等地，华侨们也将外国文化带回了泉州。

泉州一直在不断地吸纳与整合外来文明，形成了一种庞杂而独具特色的多元文化。泉州文化融合闽越文化、海洋文化、中原文化及外来文化于一体。这些文化就像音乐一样，既相遇交流、共同演奏，又碰撞融合以造就新韵。在这座城市，无论是戏曲、音乐、节日、风俗和生活方式，还是传统工艺、建筑风格、雕刻艺术、宗教信仰和祭祀礼仪等，都极具民间特色，也富有独特的生命力。

这造就了今天的泉州，她的地面上依然保留着丰富多元、中外兼容的文化遗存。她以中国文化为根本底色，通过遗留下来的城砖、建筑、桥梁、码头等，向世界展示着东方古国在宋元时期所打造的海洋商贸范本。她尊重不同的文明、种族、信仰、习俗，提倡和平、互利共赢，她所创造的辉煌是值得传颂的。

2021年7月25日，在第44届世界遗产大会上，由22处遗产点组成的"泉州：宋元中国的世界海洋商贸中心"项目成功列入《世界遗产名录》，成为中国第56处世界遗产。泉州有幸成为一座满布世界遗产的城市。

"泉州：宋元中国的世界海洋商贸中心"聚焦于10—14世纪世界海洋贸易史上异彩纷呈的繁荣期，使人们看到中华文明不仅仅是一种陆生文明，还有劈波斩浪、向海而生的海洋文明特质。作为东方的世界海洋贸易大港，泉州承载着人类的航海记忆和海上商贸传奇，见证了古典风帆贸易时代的历史，是东西方文明交流互鉴的杰出代表，"也是大航海和地理大发现时代以前具有全球代表性意义的航海遗产"。

泉州的世界遗产项目由 22 处代表性古迹遗址及其关联环境构成，分布在自海港经江口平原并一直延伸到腹地山区的广阔空间内，它们完整地再现了宋元泉州富有特色的海外贸易体系与多元社会结构，多维度演奏着"宋元中国的世界海洋商贸中心"这一价值主题的东方海洋韵律。这 22 处世遗点由四大系列构成，它们彼此关联、相互依托，形成了一个多元文化和谐交融的整体。

制度保障系列

建立一套高效的海贸管理制度是港口得以快速发展的保障，宋元泉州海外贸易在官方制度与民间规约的相互配合和共同保障下繁荣发展。两种制度形式通过官方主持的海神祭典得以结合，表现出双方对海洋贸易推动的高度共识。

九日山祈风石刻

九日山祈风石刻是一组记载了宋代在泉州负责海外贸易管理的国家专员、地方官以及皇室成员等为海外贸易商舶举行祈风仪式的摩崖石刻，它与市舶司遗址、德济门遗址等共同体现了宋代市舶制度下国家力量对海洋贸易的倡导和管控。这些珍贵的石刻历史档案真实记录了宋代海洋贸易与季风密切关联的运行周期等历史信息，反映出海神信仰对贸易活动的精神促进。九日山上现存宋代以来的石刻共 78 方，其中涉及宋代航海祈风的石刻共计 10 方，最早的为南宋淳熙元年（1174），最晚的为南宋咸淳二

九日山祈风石刻（成冬冬摄）

年（1266）。10方石刻中，记载冬季起航祈风的石刻有6方，记载夏季回航祈风的有3方，还有1方同时记载了一年两季的祈风情况。

市舶司遗址

　　泉州市舶司设置于北宋元祐二年（1087），是宋元国家政权设置在泉州管理海洋贸易事务的行政机构，其设置标志着泉州正式成为开放的国家对外贸易口岸，对宋元泉州的经济繁荣、文化交流以及海洋贸易各参与方的共同发展具有至关重要的意义。市舶司的职能主要是对海舶进行检查、缉私，办理海舶出海和返航手续，抽收货税和出售进出口货物，接待和管理外国来华使节、商人等。市舶司的设立给予了泉州港口全方位的国家支撑。

市舶司遗址（成冬冬摄）

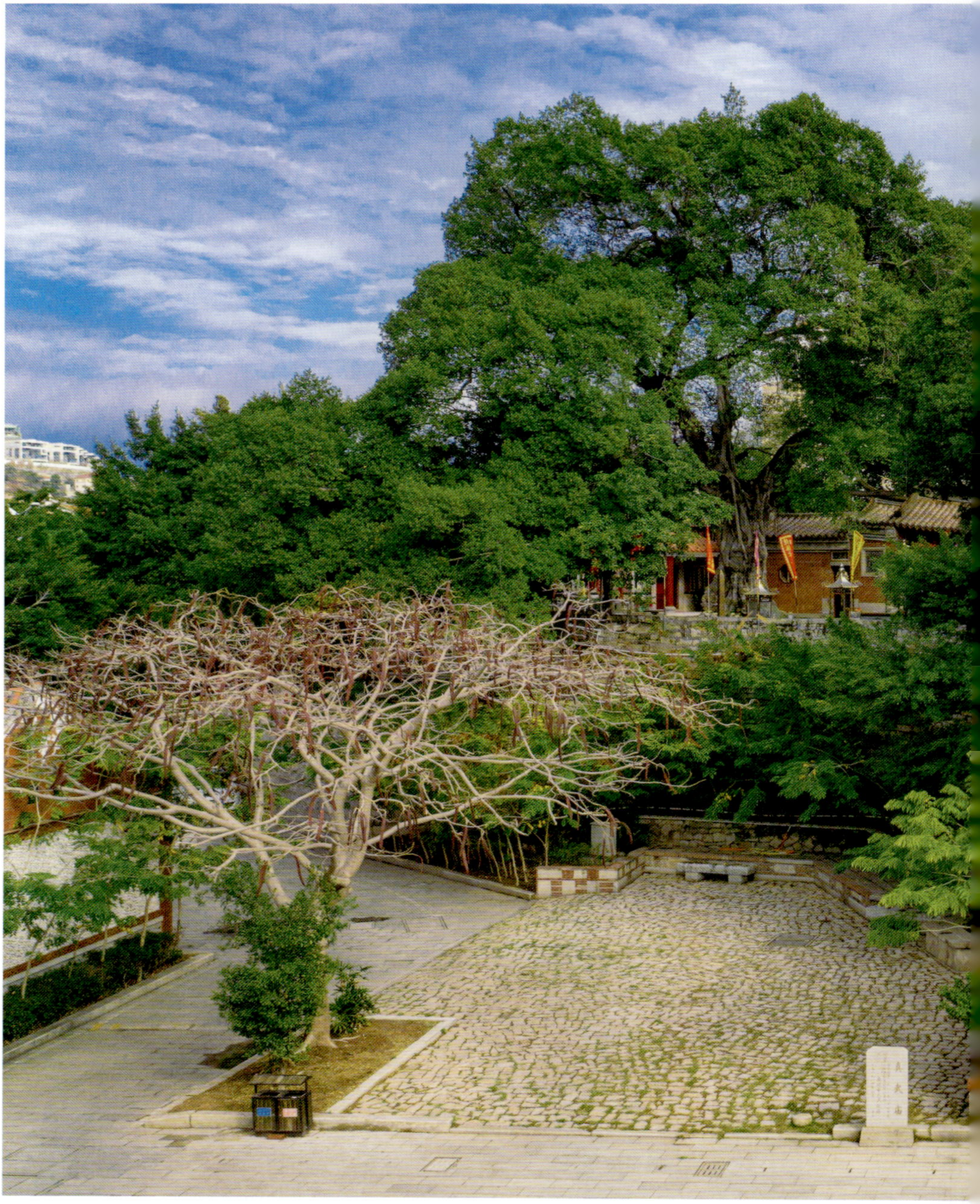

真武庙（成冬冬摄）

真武庙

真武庙位于泉州城东的晋江北岸，靠近海洋贸易的重要港口"法石港"。真武庙是祭祀真武大帝的道教庙宇，始建于北宋乾德五年至开宝六年间（967—973），既是商人祈求航海平安的地方，也是宋代泉州官员祭海的场所。宋代朝廷对招徕外国商人做出巨大贡献的人员，授予"承信郎"，足见政府对海外贸易的支持。真武庙大殿塑像的基座上便保存有"承信郎"的题记。

德济门遗址

德济门位于古城南端天后宫外，是宋元以来泉州古城的南门遗址，为宋元泉州城市南部商业性显著扩展并形成商业中心的代表性物证，体现泉州城市形态因海外贸易发展而形成，以及官方对海洋贸易和城市商业发展的行政保障。与德济门相连的翼城始建于南宋绍定三年（1230），元至正十二年（1352）城门向外拓建，始称德济门。这里是出入城市的大门，市场、商人聚居区、天后宫等海神庙、码头、顺济桥均在此建设，使其成为多功能复合一体的、极具活力的城市空间。

德济门遗址（成冬冬摄）

天后宫（成冬冬摄）

天后宫

　　泉州天后宫位于泉州古城南端，南临晋江及沿岸港口，是祭祀海神妈祖的庙宇，也是世界范围妈祖信仰的重要传播中心，见证了妈祖信仰伴随海洋贸易的形成和发展历程。它与真武庙、九日山祈风石刻等共同体现出民间信仰与国家意志相结合对海洋贸易发展的推动。它与泉州的商人群体密切关联，见证了海洋贸易作用下泉州南部商业性城区的发展。

多元社群系列

　　10—14世纪，世界海洋贸易蓬勃发展下的泉州，成为令人向往的国际都市，数以万计来自亚洲、非洲、欧洲的商人与传教士聚居在这个流光

南外宗正司遗址（成冬冬摄）

溢彩的港城里，与此地的政府官员、皇族、平民等共同构成宋元泉州的多元社会群体。这些社会群体广泛参与海洋贸易的各个方面，获取丰厚商业利益的同时深刻影响了泉州的发展，使泉州形成极富世界性交往维度的商业型社会形态，推动了泉州的整体繁荣，并使其跻身世界贸易港口中心，留下独特而光辉灿烂的多元文化。

南外宗正司遗址

南外宗正司是南宋管理迁居泉州的宋代皇族群体的机构。这一群体是泉州多元社群中具有影响力的组成部分之一，他们不仅提升了泉州的消费

泉州文庙及学宫（成冬冬摄）

能力，还积极参与海洋贸易。南外宗正司的设置进一步强化了国家政权对泉州海洋贸易的推动作用，体现了强有力的官方管理保障。它与泉州文庙及学宫、开元寺、老君岩造像、清净寺、伊斯兰教圣墓、草庵摩尼光佛造像等共同反映出宋元泉州的世界性多元社群。

泉州文庙及学宫

泉州文庙及学宫位于10世纪泉州城的东南部，始建于北宋太平兴国元年（976），主体格局形成于南宋绍兴七年（1137）。建筑群坐北朝南，整体布局为"左（东）学右（西）庙"，即由位于西侧的儒学祭祀建筑文

开元寺（成冬冬摄）

庙组群和东侧的州级地方教育建筑学宫组群组成。大成殿是整组建筑群的核心，面阔七间、重檐庑殿顶、黄琉璃瓦顶、龙纹柱身、殿内通饰彩绘等建筑手法，显示出非同寻常的建筑规格，反映了海洋贸易给泉州带来的经济和文化繁荣。

开元寺

　　开元寺是福建地区现存规模最大的佛教寺院建筑群，是唐宋以来，古泉州因海外贸易高度发达、社会稳定繁荣而产生的杰出佛教建筑。开元寺内现存有许多珍稀的多元宗教建筑构件，体现了东西方文明在宗教、建筑与艺术文化等方面的交融，使我们至今仍可感受到当时泉州作为东方大港各国人群往来和文化共存的盛况。

老君岩造像

　　老君岩造像是老子的巨型雕像，高5.63米，宽8.01米，

老君岩造像（成冬冬摄）

雕于宋代，位于清源山南麓，为中国现存最大的宋代道教石造像。石雕工艺精湛，雕刻手法圆融纯熟，深具本土特征，是当时泉州道教盛行、民间信仰多元化和儒、道、释并存的社会意识的反映。

伊斯兰教圣墓(成冬冬摄)

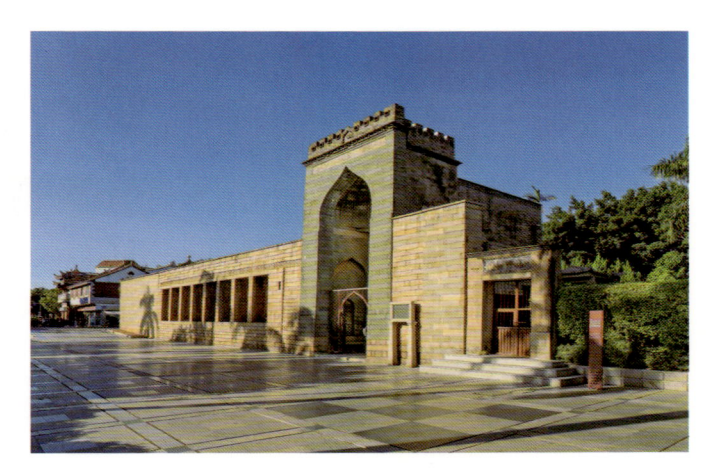

清净寺（成冬冬摄）

伊斯兰教圣墓

伊斯兰教圣墓位于泉州城东门外灵山南麓，相传是7世纪来到泉州的两位圣徒的墓地，是泉州伊斯兰教的重要史迹。其所在的灵山因有先贤之墓而成为泉州规模最大的穆斯林墓葬区。元至治二年（1322），泉州穆斯林群体对圣墓进行了重要的修缮。

清净寺

11世纪初，在泉州城外建造的清净寺是当时波斯、阿拉伯等地穆斯林在泉州活动的有力证据。这一群体是亚洲海洋贸易的主要参与者，也是泉州多元社会结构的重要组成部分之一，他们曾先后在泉州城区建立起六七座清真寺。清净寺门楼后墙上的阿拉伯文石刻记载了它始建于北宋："此地人们的第一座礼拜寺，就是这座公

草庵摩尼光佛造像（成冬冬摄）

认为最古老、悠久、吉祥的礼拜寺,号称'圣友寺',始建于伊斯兰教历四百年(1009—1010)。"

草庵摩尼光佛造像

草庵是宋元时期泉州城远郊的一处摩尼教(又称明教)寺,至晚创建于10—11世纪的北宋初期,初为草构,因名"草庵"。元至元五年(1339),由信众捐资改主体建筑为石构。它是宋元泉州摩尼教传播的重要史迹,显现出世界海洋商贸中心强大的文化包容力。摩尼光佛造像,雕凿于石室正中的崖壁上,是目前世界上仅存的摩尼教创始人石雕造像。

商品产地系列

泉州海外贸易的长期繁荣,得益于其强大的陶瓷器、铁制品、丝织品等商品的生产制造能力,这也是泉州作为大港保持发展的关键条件。随着刺桐港地位的日益突出,泉州成为古代海外贸易

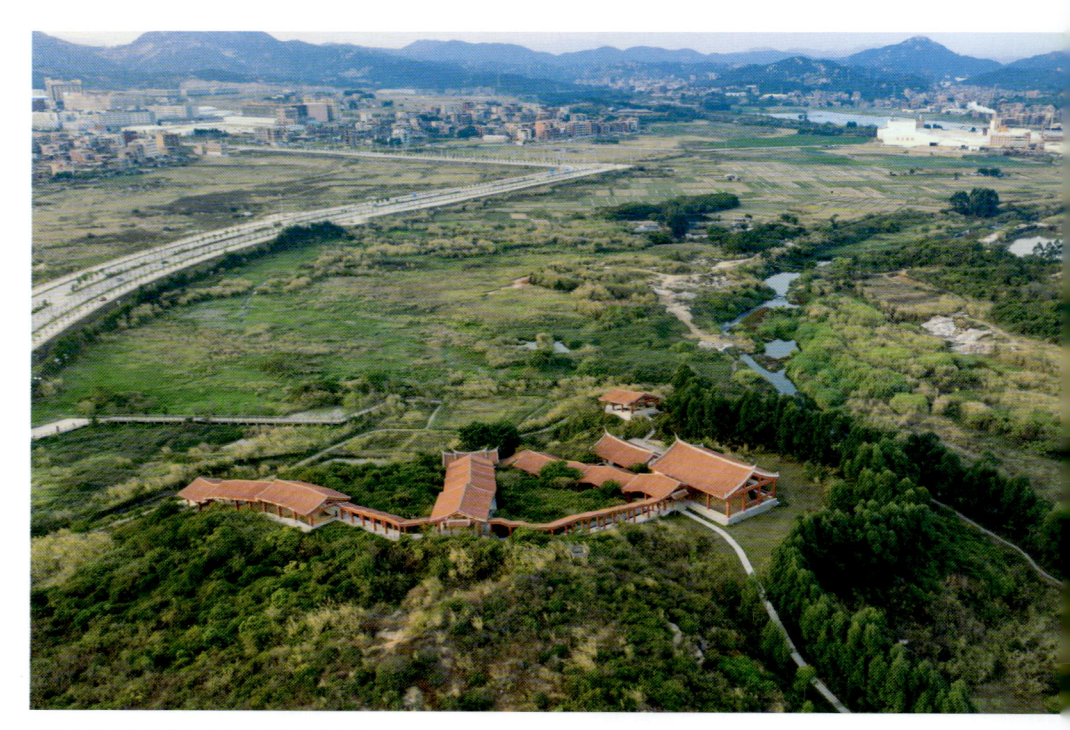

磁灶窑址（金交椅山窑址）（成冬冬摄）

进出口商品的转运中心和集散地。

磁灶窑址（金交椅山窑址）

  金交椅山窑址属磁灶窑系，始建于唐末至五代，兴盛于宋代，是宋元时期泉州城郊外销瓷窑址的杰出代表，反映了泉州外贸手工业的产业结构特点。目前，考古发掘出4处结构大致相同的龙窑遗迹和1处作坊遗迹。其产品频频发现于东海、南海等海域的沉船中。

德化窑址（尾林－内坂窑址、屈斗宫窑址）

  德化窑址是宋元时期泉州内陆地区外销瓷窑址的杰出代表，生产体系

德化窑址（屈斗宫窑址）（成冬冬摄）

完备，生产规模庞大，其器形与纹饰反映了海外市场需求，与磁灶窑址共同展现了宋元泉州强大的基础产业能力和贸易输出能力，见证了在海洋贸易推动下泉州本地制瓷产业的创新和发展。德化窑系尾林－内坂窑址、屈斗宫窑址被列为世界遗产点。前者已发现7座窑炉及部分作坊、废品堆积等窑业遗存。后者发现的1处元代窑炉遗址为分室龙窑，是龙窑向阶级窑转化的过渡形式，反映了宋元时期窑炉技术的进步与发展。

安溪青阳下草埔冶铁遗址

安溪青阳下草埔冶铁遗址是宋元时期泉州冶铁手工业的珍贵见证，与

安溪青阳下草埔冶铁遗址（成冬冬摄）

泉州的陶瓷生产基地共同显示出宋元泉州强大的产业能力和贸易输出能力，以及宋元泉州海洋贸易对泉州内陆腹地经济发展的积极作用，其影响深远延续至今。遗址位于泉州西北约70公里的戴云山区。安溪县青洋村曾是宋代官方设立的专职铁场之一，是泉州内陆腹地的重要铁矿分布区。

运输网络系列

交通系统是支撑贸易运行的大动脉，宋元泉州海外贸易的兴盛，极大受益于水陆联运交通网络方面的飞跃式发展。它由一系列桥梁、道路、码头、航标组合构成，纵贯南北的沿海大通道，将泉州的区域内外连为一体。

洛阳桥

宋代泉州掀起了史无前例的"造桥热"。洛阳桥为中国四大名桥之一，

洛阳桥（成冬冬摄）

位于洛阳江入海口处，原称"万安桥"，始建于北宋皇祐五年（1053），经数年努力，至北宋嘉祐四年（1059）由太守蔡襄建成。洛阳桥是泉州北上福州乃至内陆腹地的交通枢纽，体现了官方、僧侣等社会各界对商贸活动的推动和贡献。工匠修桥时首创的"筏型基础""浮运架梁""养蛎固基"代表了当时中国最先进的造桥技术。

安平桥（成冬冬摄）

安平桥

　　安平桥建于南宋绍兴八年至二十二年（1138—1152），桥长约2255米，因桥长五华里，俗称"五里桥"，为中国现存最长的跨海梁式石桥。它是泉州与国家广阔的南部沿海地区的陆运节点，由僧侣、商人、政府官员和当地民众等合力建造，桥墩采用创新的"睡木沉基"法，并因地制宜设置了长方形、单尖船形及双尖船形三种不同的式样。

顺济桥遗址（成冬冬摄）

顺济桥遗址

　　顺济桥遗址位于泉州古城南门德济门外，横跨晋江两岸，由南宋泉州郡守邹应龙于嘉定四年（1211）主持建造，沿用至20世纪。顺济桥是泉州古城与晋江南岸的陆运节点，是伴随海洋贸易发展而建设的出入古城商业区的主要通道，它与德济门遗址、天后宫共同体现了海洋贸易推动下古城南部商业性城区的发展。

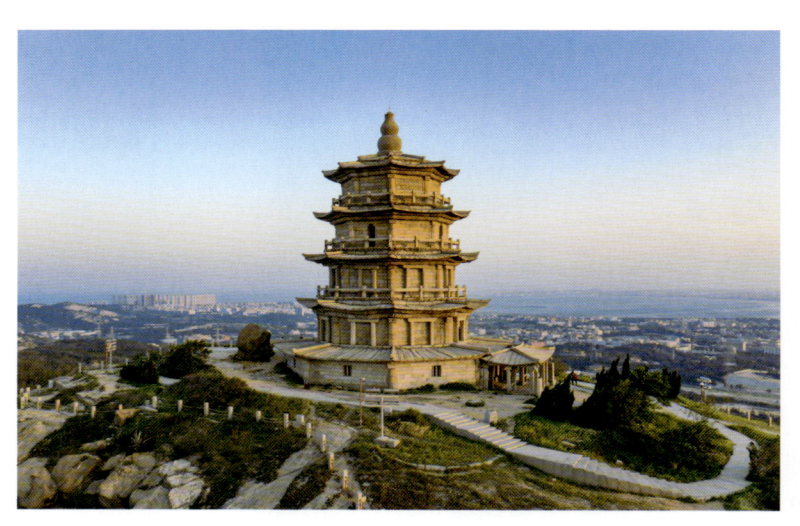

万寿塔（成冬冬摄）

万寿塔

　　万寿塔，又称"关锁塔""姑嫂塔"，建于南宋绍兴年间（1131—1162），矗立于泉州湾海岸宝盖山山巅，是海船出入泉州湾的主要航标。长期以来，从事航海经商和远洋捕捞的泉州人均把该塔视为故乡的象征。

六胜塔

　　六胜塔始建于北宋政和年间（1111—1118），由僧人祖慧、宗什和施主薛公素募资建造，现存石塔由本地海商凌恢甫重建于元至元二年至五年（1336—1339）。六胜塔是宗教人士、商人及平民共同参与的结果。六胜塔位于泉州湾东南岸出海口的金钗山上，是商舶由泉州湾主航道驶向内河港口的地标。

六胜塔（成冬冬摄）

江口码头（美山码头）（成冬冬摄）

江口码头

　　江口码头位于泉州法石港，含文兴码头、美山码头等系列码头，始建于宋代，并沿用至 20 世纪。内航沿江进城，外可扬帆出海，是连接古城的水陆转运节点，也是泉州内港法石港的珍贵遗存。

石湖码头（成冬冬摄）

石湖码头

　　石湖码头位于石狮蚶江镇，是宋元时期泉州重要的外港码头之一。据传始建于8世纪的唐开元年间（713—741），海商林銮借用一天然礁石为靠岸设施创建渡口。北宋元祐年间（1086—1094），有官员在礁石与岸线之间加筑通济栈桥，使码头功能更为完备。

　　泉州作为"宋元中国的世界海洋商贸中心"，其名号不是凭空而来的，她历经了多少代中国人的拼搏与血汗。唐"府衙子城"、宋"嘉定三年修城官砖"、元"元年谯楼造"……这些不同朝代的城砖，记录着泉州城历史的变迁，它们历经千百年沧桑，告诉我们一座城市的积淀及中国海洋贸易的发展，绝非以世纪为单位，而是绵延不绝的万古事业。"泉州：宋元中国的世界海洋商贸中心"

"府衙子城"铭城砖 唐代（泉州海外交通史博物馆藏）

展示馆，位于泉州海外交通史博物馆内，它不仅仅是在展示泉州的 22 处世遗点，更是在探讨海上丝绸之路发展的亘古话题，也是在用心回答中国对世界海洋文明所做出的贡献。当中国人对自己的海洋、航海历史越来越了解，当我们以更自信的姿态航行在今天的海路上，东方文明古国中国也一定会随之呈现出更悠远、优美的神韵。

（陈颖艳）